컬러심리스토리

김선애

북트리

컬러심리스토리

초판 1쇄 인쇄 2025년 4월 11일
초판 1쇄 발행 2025년 4월 29일

지은이 김선애
펴낸이 김지홍
디자인 최이서

펴낸곳 도서출판 북트리
주소 서울시 금천구 서부샛길 606 30층
등록 2016년 10월 24일 제2016-000071호
전화 0505-300-3158
팩스 0303-3445-3158
이메일 booktree11@naver.com
홈페이지 www.booktree11.co.kr

가격 18,000원
ISBN 979-11-6467-184-7 (03180)

- 이 책은 저작권에 등록된 도서로 저작권법에 따라 무단전재 및 복제와 인용을 금지합니다.
- 이 책 내용의 전부 및 일부를 이용하려면 저작권자와 도서출판 북트리의 서면동의를 받아야 합니다.
- 잘못된 책은 구입하신 서점에서 바꾸어 드립니다.

컬러심리스토리

김선애

북트리

차례

✦ 1. 컬러(색)의 이해

* 색이란   14
* 색의 역사   15
- 고대시대의 색   15
- 중세시대의 색   19
- 근대시대의 색   22
- 현대시대의 색   24
- 21세기의 색   27

✦ 2. 컬러심리의 이해

* 컬러심리란   32
* 컬러심리의 역사   33
- 고대시대의 컬러심리   33
- 중세시대의 컬러심리   35
- 근대시대의 컬러심리   37
- 현대시대의 컬러심리   40
- 21세기의 컬러심리   42

✦ 3. 컬러테라피의 이해

* 컬러테라피란   48
* 컬러테라피의 역사   51
- 고대시대의 컬러테라피   51
- 중세시대의 컬러테라피   54
- 근대시대의 컬러테라피   56
- 현대시대의 컬러테라피   58
- 21세기의 컬러테라피   61

✦ 4. 9가지 컬러의 역사

- 레드의 역사   66
- 오렌지의 역사   69
- 옐로우의 역사   71
- 그린의 역사   73
- 블루의 역사   75
- 로얄블루의 역사   79
- 바이올렛의 역사   81
- 마젠타의 역사   83
- 핑크의 역사   85

✦ 5. 선호하는 컬러와 컬러성향

- 레드를 선호하는 성향   90
- 오렌지를 선호하는 성향   93
- 옐로우를 선호하는 성향   96
- 그린을 선호하는 성향   99
- 블루를 선호하는 성향   101
- 로얄블루를 선호하는 성향   104
- 바이올렛을 선호하는 성향   106
- 마젠타를 선호하는 성향   109
- 핑크를 선호하는 성향   112

✦ 6. 컬러성향과 커리어

- 레드성향 직업군   120
- 오렌지성향 직업군   122
- 옐로우성향 직업군   123
- 그린성향 직업군   125
- 블루성향 직업군   127
- 로얄블루성향 직업군   128

- 바이올렛성향 직업군   130
- 마젠타성향 직업군   132
- 핑크성향 직업군   133

✦ 7. 끌리는 컬러와 컬러심리

- 레드가 끌리는 컬러심리   140
- 오렌지가 끌리는 컬러심리   143
- 옐로우가 끌리는 컬러심리   145
- 그린이 끌리는 컬러심리   148
- 블루가 끌리는 컬러심리   150
- 로얄블루가 끌리는 컬러심리   153
- 바이올렛이 끌리는 컬러심리   155
- 마젠타가 끌리는 컬러심리   157
- 핑크가 끌리는 컬러심리   159

✦ 8. 생활 속 컬러테라피

- 다이어트 컬러테라피   165
- 인테리어 컬러테라피   167
- 패션 컬러테라피   170
- 조명 컬러테라피   174
- 명상 컬러테라피   177
- 아트 컬러테라피   180

✦ 9. 컬러심리스토리

- 레드 심리스토리   186
- 오렌지 심리스토리   188
- 옐로우 심리스토리   190
- 그린 심리스토리   192
- 블루 심리스토리   195
- 로얄블루 심리스토리   197
- 바이올렛 심리스토리   199
- 마젠타 심리스토리   201
- 핑크 심리스토리   203

프롤로그

컬러는 사람의 인생을 들여다보는 강력한 도구로 작용할 수 있습니다. 단순한 시각적 요소를 넘어 우리의 감정과 심리를 반영하며, 각 개인의 삶의 이야기를 담고 있는 컬러는 그 자체로 깊은 의미를 지니고 있습니다.

어린 시절, 초록색을 불편해하던 한 소녀가 있었습니다. 초록색은 일반적으로 안정과 평화의 상징으로 여겨지지만, 그녀에게는 오히려 불안정함과 불공평한 삶의 상징으로 다가왔습니다. 성인이 된 그녀의 옷장에는 온통 푸른색 계열의 옷들로 가득 차 있었습니다. 블루 컬러에서 느껴지는 책임감, 이성적, 신뢰, 절제는 그녀가 바라는 어른의 모습이었고, 이러한 어른이 되기 위해 고군분투했던 삶의 반영이었습니다.

40대 중반, 힘든 사건들이 연이어 발생하며 절망에 빠져있던 그녀는 무언가에 홀린 듯이 구매한 오렌지색 아이섀도우가 그럼에도 불구하고 살아내고자 하는 작은 불씨였음을 지금은 이해하고 있습니다.

20여 년의 직장 생활을 마치고 창업을 준비할 때 끌렸던 바이올렛 컬러는 새로운 도전에 대한 두려움과 불안함을 극복하고 현실을 자연스럽게 받아들이는 데 도움을 주었으며, 한 해 한 해 성장하면서 지금의 한국컬러심리연구소가 있기까지 많은 도움을 주었습니다.

현재 그녀는 선호 컬러, 비선호 컬러, 최근 끌리는 컬러, 요즈음 불편해진 컬러 등을 분석하여 사람들을 편견 없이 이해하고 상담하며, 컬러로 위로를 전하는 컬러심리상담 전문가로 활동하고 있습니다. 모든 컬러의 좋고 싫음에는 그만한 이유가 있으며, 갑자기 끌리거나 불편해지는 컬러에도 그 배경이 있습니다. 이를 이해하게 되면, 마음이 하는 이야기를 시각적으로 해석하고 이해할 수 있는 길이 열리게 됩니다.

우리의 삶은 다채로운 컬러심리스토리로 가득 차 있습니다. 새로운 도전에 열정적으로 나서는 순간, 그 과정에서 즐거움과 활력을 느끼는 순간, 그리고 때로는 나에게 쏟아지는 관심을 한 몸에 받으며 기쁨을 느끼는 순간들이 있습니다. 연애와 결혼을 통해 사랑과 행복감을 경험하고, 자녀가 생기면서 책임감과 통제력을 키워갑니다. 일과 가정을 두루 살피는 통찰력과 판단력이 더욱 필요해지며, 이상적인 미래의 모습을 꿈꾸며 현재의 나를 성장시키는 과정도 이어집니다. 이 모든 과정 속에서 정신적으로 성숙해지며 주변을 살피고 챙겨주는 마음의 여유가 생겨납니다.

하지만 삶은 언제나 순탄하지 않습니다. 열정적으로 일을 하다가 번아웃을 경험하기도 하고, 예상치 못한 사건으로 인해 좌절과 슬픔을 겪기도 합니다. 부정적인 피드백으로 자존감이 떨어지는 순간도 있으며, 사랑과 배신의 상처로 괴로운 시간을 보내기도 합니다. 계획대로 되지 않는 순간에 실망감을 느끼고, 스스로 고립되어 혼자만의 시간을 갖는 경우도 있습니다. 꿈꿔왔던 미래와 현실의 차이에서 오는 불안감과, 모든 것을 희생한 후에 느끼는 공허함도 우리 삶의 일부입니다.

  이처럼 우리는 컬러의 심리스토리 안에서 살아가고 있습니다. 컬러의 심리적인 메시지를 통해 한 사람의 인생을 들여다보고, 어떤 부분이 불안정한지를 알아차려 마음의 밸런스를 맞출 수 있도록 돕는 것이 바로 컬러심리상담입니다. 컬러심리상담은 내담자의 컬러심리스토리를 통해 전반적인 삶의 모습을 이미지화할 수 있으며, 복잡한 마음을 시각적으로 보여주기 때문에 변화하는 모습도 컬러로 함께 느낄 수 있습니다. 한국컬러심리연구소는 사람의 마음을 컬러로 이해하고 분석하며, 공감과 위로를 전하겠다는 최초 설립의 목적을 변함없이 유지해 왔습니다. 앞으로도 컬러심리스토리 속 마음의 밸런스를 맞추기 위해 지속적으로 노력할 것입니다.

Chapter 01

1. 색이란
2. 색의 역사

고대시대의 색

중세시대의 색

근대시대의 색

현대시대의 색

21세기의 색

컬러(색)의 이해

색은 물체가 빛을 반사하거나 흡수하는 방식에 따라
인간의 눈에 인식되는 시각적 특성입니다.
빨간색 사과는 빨간색 파장을 반사 하고
다른 색의 빛은 흡수하여 빨간색으로 보입니다.

* 색이란

색은 물체가 빛을 반사하거나 흡수하는 방식에 따라 인간의 눈에 인식되는 시각적 특성입니다. 빛은 가시광선 스펙트럼에 해당하는 다양한 파장을 포함하고 있으며, 각 파장은 특정한 색으로 인식됩니다. 예를 들어, 보라색은 약 380nm의 짧은 파장에서 시작하고, 빨간색은 약 750nm의 긴 파장에 해당합니다.

물체의 색은 그 물체가 특정 파장의 빛을 반사하고 나머지 파장은 흡수하는 성질에 의해 결정됩니다. 예를 들어, 빨간색 사과는 빨간색 파장을 반사하고 다른 색의 빛은 흡수하여 빨간색으로 보입니다. 인간의 눈에는 색을 인식하는 세 가지 종류의 원추세포가 존재하며, 이들은 각각 빨강, 초록, 파랑의 빛에 민감하게 반응합니다. 이 세 가지 색의 조합을 통해 다양한 색을 인식할 수 있으며, 뇌는 이 정보를 처리하여 우리가 보는 색을 형성합니다.

색은 두 가지 방식으로 혼합될 수 있습니다. 가산 혼합에서는 빛의 색이 결합되어 새로운 색을 생성하고, 감산 혼합에서는 물체가 색을 흡수하여 새로운 색을 만들어냅니다. 예를 들어, 빨강과 초록빛을 혼합하면 노란색이 되고, 파란색과 노란색 물감을 혼합하면 초록색이 됩니다.

마지막으로, 색은 단순한 물리적 현상일 뿐만 아니라 개인의 경험과 문화적 배경에 따라 다르게 인식될 수 있습니다. 같은 색이라도 사람마다 느끼는 감정이나 연상되는 이미지가 다를 수 있습니다. 따라서 색은 빛의 파장, 물체의 성질, 눈의 구조, 그리고 개인의 주관적 경험이 결합되어 형성되는 복합적인 개념이라 할 수 있습니다.

인간은 사물을 인지하기 위해 오감 중에서 시각을 가장 많이 사용하며, 일반적으로 60만 가지의 색을 구별할 수 있습니다. 하루 동안 눈을 통해 뇌에 입력되는 색의 수는 무려 3,000에서 35,000개에 이른다고 보고되고 있습니다. 이러한 수치는 색이 우리의 인지와 감정에 얼마나 큰 영향을 미치는지를 잘 보여줍니다.

색의 발견과 이해는 인류 역사와 함께 발전해 왔으며, 이는 과학, 예술, 문화 등 다양한 분야에서 중요한 역할을 해 왔습니다.

* 색의 역사

고대시대의 색

고대 이집트 문명에서 색은 그들의 독특한 문화와 신앙 체계 속에서 신성한 의미를 지니고 있었습니다. 이집트인들에게 색은 단순한 시각적 요소가 아니라, 삶과 신앙, 우주에 대한 깊은 이해를 반영하는 중요한 상징으로 여겨졌습니다.

먼저, 파란색은 하늘과 물을 상징하는 중요한 색으로, 생명과 재생을 나타냅니다. 나일강의 물과 하늘의 푸른색이 결합되어 이집트의 농업과 생명력에 기여했음을 상징하며, 신성한 존재와의 연결을 나타내기도 했습니다. 이러한 이유로 파란색은 신전의 벽화나 장식에서 중요한 위치를 차지했습니다.

반면, 빨간색은 전쟁, 힘, 혼돈을 상징하는 색으로, 이집트의 전쟁 신인 세트와 관련이 있습니다. 이 색은 전투와 힘의 상징으로 사용되며, 위험과 경고의 의미를 내포하고 있어 전쟁의 위협과 혼란을 표현하는 데 사용되었습니다. 이러한 상징성은 이집트의 예술 작품에서도 자주 나타나며, 전쟁의 영웅이나 신들을 묘사할 때 주로 사용되었습니다.

흰색은 순수함과 진리를 나타내는 색으로, 종교적 의식에서 자주 사용되었습니다. 이집트인들은 흰색을 통해 신성한 존재와의 연결을 표현하고, 의식의 순수성을 강조했습니다. 또한, 흰색은 고귀한 존재를 상징하며, 왕족이나 신성한 인물의 의복에서 자주 발견됩니다. 이러한 색의 사용은 이집트 사회에서의 계급과 지위를 나타내는 중요한 요소로 작용했습니다.

검은색은 죽음과 부활을 상징하며, 나일강의 비옥한 흙을 나타내기도 했습니다. 이집트인들은 검은색을 통해 죽음 이후의 삶과 재생의 개념을 표현했습니다. 검은색은 고대 이집트의 신들 중 하나인 오시리스를 상징하며, 그가 죽음과 부활의 신으로 여겨졌음을 나타냅니다. 이러한 상징성은 이집트의 장례 문화와 밀접하게 연결되어 있으며, 검은색은 장례식과 관련된 의식에서도 중요한 역할을 했습니다.

고대 메소포타미아 문명에서도 색은 사회적 지위와 신앙 체계와 깊은 연관이 있었습니다. 이 지역의 사람들은 색을 통해 자신의 신분을 나타내고, 종교적 의식을 수행하며, 일상생활의 다양한 측면을 표현했습니다. 파란색과 보라색은 귀족과 왕족을 상징하는 색으로 여겨졌으며, 비싼 염료를 사용하여 얻어졌기 때문에 상류층만이 이 색을 착용할 수 있었습니다. 특히 보라색은 고대 세계에서 가장 귀한 색 중 하나로, 주로 왕이나 신의 의복에 사용되었습니다. 이러한 색의 사용은 사회적 지위를 명확히 드러내는 수단이 되었습니다.

흰색은 순수함과 신성함을 나타내며, 메소포타미아의 종교적 의식에서 중요한 역할을 했습니다. 이 색은 신성한 존재와의 연결을 상징하고, 제사나 의식에서 자주 사용되었습니다. 메소포타미아의 예술적 표현에서도 색은 중요한 역할을 하며, 조각과 도자기에서 색은 종교적 상징과 일상생활을 표현하는 데 사용되었습니다.

고대 인더스 문명에서 색의 사용은 상업과 무역에서 중요한 요소로 작용했습니다. 다양한 색의 염료는 식물, 광물, 동물에서 추출하여 섬

유와 장신구를 염색하는 데 사용되었습니다. 색은 종교적 의식에서도 중요한 상징적 의미를 지니고 있으며, 특정 색은 특정 신이나 여신과 연결되어 있었습니다. 예를 들어, 붉은색은 생명과 재생을 상징하고, 파란색은 신성함과 관련이 있습니다.

고대 그리스에서는 색이 철학적 논의의 중요한 주제가 되었습니다. 플라톤은 색을 물질세계의 불완전한 반영으로 간주하였으며, 이는 그의 이데아론과 관련이 있습니다. 그는 색이 물질의 본질을 완전히 드러내지 못한다고 보았고, 색은 이데아의 그림자에 불과하다고 주장했습니다. 반면, 아리스토텔레스는 색을 물체의 성질로 설명하며, 색이 물체의 물리적 특성과 관련이 있다고 보았습니다.

예술과 미학에서도 색은 중요한 요소로 작용했습니다. 그리스의 조각과 회화에서 색은 미적 표현을 풍부하게 하고, 인물의 감정이나 상황을 전달하는 데 중요한 역할을 했습니다. 특정 색조는 인물의 기분이나 상황을 강조하는 데 사용되어 관람객에게 강한 감정적 반응을 유도했습니다.

고대 중국 문화에서는 색이 오행과 연결되어 있으며, 각 색이 특정한 의미를 지니고 있습니다. 빨간색은 행운과 행복을 상징하며, 이는 중국의 전통적인 축제와 의식에서 두드러지게 나타납니다. 예를 들어, 춘절(설날)에는 빨간색 장식이 널리 사용되며, 이는 새해의 행운을 기원하는 의미를 담고 있습니다. 반면, 흰색은 슬픔과 장례를 나타내며, 장례식에서 주로 사용됩니다. 검은색은 신비와 권위를 상징하며, 고급스러움과 권력을 나타내는 데 사용됩니다.

색은 전통 의상, 건축, 예술에서 중요한 역할을 하며, 특정 색이 특정한 축제나 의식과 연결되기도 합니다. 예를 들어, 중국의 중추절에는 노란색과 금색이 자주 사용되며, 이는 풍요와 수확을 기원하는 의미를 담고 있습니다. 이러한 색의 사용은 문화적 정체성을 형성하고, 사람들 간의 유대감을 강화하는 데 기여하였습니다.

중세시대의 색

중세와 르네상스 시대의 색 사용은 단순한 미적 요소를 넘어, 각 시대의 사회적, 종교적, 문화적 맥락을 반영하는 중요한 상징적 의미를 지니고 있었습니다. 이 두 시대의 색은 예술 작품에서 다양한 방식으로 활용되었으며, 각 색이 지닌 의미는 시대와 문화에 따라 다르게 해석되었습니다.

중세시대의 색은 주로 종교적 상징성을 강조하는 데 중점을 두었습니다. 이 시기에는 기독교가 사회와 문화의 중심에 자리 잡고 있었기 때문에, 색은 종교적 메시지를 전달하는 중요한 도구로 사용되었습니다. 예를 들어, 빨간색은 예수의 피를 상징하며, 이는 구속과 희생의 깊은 의미를 내포하고 있습니다. 반면, 파란색은 성모 마리아를 나타내는 데 사용되었으며, 이는 신성함과 순결을 상징하는 색으로 여겨졌습니다. 이러한 색들은 성경의 이야기와 인물들을 시각적으로 표현하는 데 필수적인 역할을 하였고, 중세 예술 작품에서 색의 사용은 신앙과 교리를 전달하는 데 중요한 요소로 작용했습니다.

또한, 색은 사회적 지위를 나타내는 수단으로도 기능했습니다. 귀족들은 비싼 염료로 만든 화려한 색상을 착용하여 자신의 부와 권력을 과시했으며, 이는 고급스러운 색상의 의복을 통해 사회적 위상을 드러내는 방식이었습니다. 이들은 종종 화려한 색상의 의복을 통해 자신들의 지위를 강조하고, 사회적 계층 구조를 명확히 드러내는 데 기여했습니다. 반면, 일반 서민들은 자연에서 얻은 단순한 색상만을 사용할 수 있었고, 이는 그들의 사회적 지위를 반영하는 요소로 작용했습니다. 이러한 색의 사용은 중세 사회의 계층 구조와 권력관계를 명확히 드러내는 데 중요한 역할을 했습니다.

르네상스 시대에 들어서면서 인간과 자연에 대한 관심이 높아지면서 색의 사용이 더욱 다양해졌습니다. 이 시기 예술가들은 색을 통해 감정을 표현하고 인물의 성격을 드러내는 데 중점을 두었습니다. 색의 조화와 대비는 중요한 요소로 부각되었으며, 이는 예술 작품의 깊이와 감동을 더하는 데 기여했습니다. 르네상스 예술가들은 색을 통해 인간의 감정과 경험을 더욱 사실적으로 표현하고자 했으며, 이를 통해 관객에게 강렬한 시각적 경험을 제공하고자 했습니다.

또한, 르네상스 시대에는 색에 대한 과학적 연구가 활발히 이루어졌습니다. 이 시기의 예술가들은 색의 혼합과 대비를 통해 새로운 색을 창조하고, 이를 통해 더욱 사실적인 표현을 추구했습니다. 이러한 과학적 접근은 색의 사용을 더욱 정교하게 만들었으며, 예술 작품의 질을 높이는데 기여했습니다. 예를 들어, 레오나르도 다 빈치와 같은 예술가들은 색의 물리적 특성을 이해하고 이를 작품에 적용하여, 관객에게 더욱 강렬한 시각적 경험을 제공했습니다. 이처럼 르네상스 시대의 예술가들은 색을 단순한 장식적 요소로 보지 않고, 감정과 이야기를 전달하는 중요한 수단으로 여겼습니다.

중세와 르네상스 시대의 색은 각기 다른 상징성을 지니고 있었습니다. 예를 들어, 노란색은 배신을 상징하며, 초록색은 희망과 재생을 나타내는 색으로 여겨졌습니다. 이러한 색의 의미는 예술 작품에서 인물의 감정이나 상황을 전달하는 데 중요한 역할을 했습니다. 예술가들은 색을 통해 관객에게 감정과 이야기를 전달하고자 했으며, 이는 색의 사용이 단순한 장식적 요소가 아니라, 메시지를 전달하는 중요한 수단으로 여겨졌음을 보여줍니다. 이러한 맥락에서 중세와 르네상스 시대의 색 사용은 단순한 미적 요소를 넘어, 각 시대의 사회적, 종교적, 문화적 맥락을 반영하는 중요한 요소로 자리 잡았습니다.

근대시대의 색

근대 색 이론은 색의 본질과 인간의 색 인식에 대한 과학적 접근을 포함하여 여러 학문 분야에서 발전해 온 복합적인 체계입니다. 이 이론은 물리학, 생리학, 심리학 등 다양한 분야의 연구자들에 의해 형성되었으며, 색에 대한 이해를 심화시키는 데 중요한 기초를 마련했습니다.

근대 색 이론의 기초는 17세기 후반 아이작 뉴턴의 혁신적인 연구에서 시작됩니다. 뉴턴은 태양 빛을 프리즘을 통해 분산시켜 무지개색을 발견하였고, 이를 통해 색을 물리적 현상으로 이해하는 새로운 관점을 제시했습니다. 그는 색의 스펙트럼을 제시하여 색의 과학적 기초를 마련하였으며, 이는 색의 본질을 이해하는 데 중요한 기초가 되었습니다. 뉴턴은 색을 단순한 물리적 현상으로 설명하며, 색이 빛의 파장에 따라 달라진다고 주장했습니다. 이러한 주장은 색의 과학적 이해를 심화시키는 데 기여하였고, 이후 색 이론의 발전에 큰 영향을 미쳤습니다.

근대 색 이론은 색의 물리적 현상뿐만 아니라 인간의 감정과 인식에도 큰 영향을 미친다는 연구가 진행되었습니다. 색이 감정에 미치는 영향에 대한 연구는 색채 심리학의 기초가 되었으며, 이는 색이 단순한 시각적 요소가 아니라 인간의 심리와 깊은 연관이 있음을 보여줍니다. 예를 들어, 특정 색상이 사람의 기분이나 행동에 미치는 영향을 연구함으로써, 색의 심리적 측면이 더욱 부각되었습니다. 이러한 연구는 색이 인간의 감정과 인식에 미치는 영향을 이해하는 데 필수적입니다.

근대 색 이론은 고대 철학의 영향을 받았습니다. 색에 대한 관심은 고대 그리스 철학자들로 거슬러 올라가며, 데모크리토스와 아리스토텔레스는 색의 본질에 대한 다양한 이론을 제시하였습니다. 이러한 철학적 배경은 근대 색 이론의 발전에 기여하였으며, 색에 대한 이해를 심화시키는 데 중요한 역할을 했습니다. 고대 철학자들의 이론은 색의 본질과 인간의 인식에 대한 질문을 제기하며, 근대 연구자들이 색에 대한 과학적 접근을 시도하는 데 영감을 주었습니다.

결국, 근대 색 이론은 과학적 탐구와 철학적 사유가 결합된 결과물로, 색에 대한 이해를 더욱 풍부하게 만들어 주었습니다. 이러한 이론은 단순히 색을 물리적 현상으로 한정 짓지 않고, 인간의 감정과 인식, 그리고 문화적 맥락까지 아우르는 포괄적인 시각을 제공함으로써, 색이 우리의 삶에서 차지하는 중요성을 더욱 부각시켰습니다. 이러한 발전은 색채 심리학, 디자인, 예술 등 다양한 분야에서 색의 활용과 이해를 심화시키는 데 기여하고 있습니다.

이처럼 근대 색 이론은 색에 대한 과학적 탐구와 철학적 사유의 융합을 통해, 색이 단순한 시각적 요소를 넘어 인간의 감정, 인식, 그리고 문화적 맥락과 깊은 연관이 있음을 보여주는 중요한 기초를 마련하였습니다. 이러한 이론은 현대사회에서 색의 역할과 중요성을 재조명하는 데 기여하고 있으며, 다양한 분야에서 색의 활용과 이해를 더욱 심화시키는 데 필수적인 역할을 하고 있습니다.

현대시대의 색

현대 색 이론은 색의 본질과 그 활용에 대한 심도 있는 통찰을 제공하며, 이는 디자인, 예술, 그리고 우리의 일상생활에서 색을 효과적으로 활용하는 데 필수적인 요소로 작용합니다. 색에 대한 깊은 이해는 우리의 삶을 더욱 풍요롭게 만들어 줄 뿐만 아니라, 다양한 분야에서의 창의적인 표현을 가능하게 합니다. 색은 단순한 시각적 요소를 넘어, 감정과 분위기를 전달하는 중요한 수단으로 자리 잡고 있습니다.

색의 기본 개념은 빛의 삼원색인 빨강, 녹색, 파랑(RGB)에서 출발합니다. 이 세 가지 색상은 서로 조합되어 다양한 색조를 만들어내는 기초가 되며, 모든 색의 조합을 통해 무한한 색상을 창출할 수 있는 가능성을 제공합니다. 색상환은 이러한 색의 관계를 시각적으로 표현한 도구로, 기본 색상(1차 색상), 보조 색상(2차 색상), 그리고 3차 색상으로 나뉘어 있습니다. 이 구조는 색의 조합과 변화를 쉽게 이해할 수 있도록 도와주며, 색의 조화와 대비를 탐구하는 데 유용한 가이드를 제공합니다.

색 혼합 방법은 크게 두 가지로 나뉘며, 이는 가산 혼합과 감산 혼합입니다. 가산 혼합은 빛의 색을 혼합할 때 사용되며, 대표적으로 RGB 모델이 이에 해당합니다. 이 방식은 주로 디지털 화면에서 색상을 구현하는 데 필수적이며, 다양한 색상을 생성하는 데 중요한 역할을 합니다. 반면, 감산 혼합은 물체의 색을 혼합할 때 사용되며, CMYK 모델이 대표적입니다. 이 방법은 인쇄물에서 주로 사용되며, 색의 깊이와 풍부함을 더하는 데 중요한 기여를 합니다. 이러한 두 가지 혼합 방식은 색의 표현과 활용에 있어 서로 다른 특성을 지니고 있으며, 각각의 상황에 맞게 적절히 사용되어야 합니다.

색은 또한 사람의 감정과 행동에 큰 영향을 미치는 요소로 작용합니다. 예를 들어, 빨강은 에너지와 열정을 상징하며, 이는 사람들에게 강한 자극을 주어 활력을 불어넣습니다. 반면, 파랑은 안정감과 신뢰를 상징하여 차분한 분위기를 조성하는 데 기여합니다. 녹색은 자연과 평화를 상징하며, 사람들에게 편안함과 안정감을 제공합니다. 이러한 색의 심리적 효과는 디자인과 마케팅에서 중요한 요소로 작용하며, 소비자의 감정과 구매 결정에 직접적인 영향을 미칠 수 있습니다. 따라서 색의 선택은 단순한 미적 요소를 넘어, 소비자의 경험과 감정에 깊은 영향을 미치는 중요한 결정이 됩니다.

현대 색 이론은 패션, 인테리어, 그래픽 디자인 등 다양한 분야에서 중요한 역할을 합니다. 색의 선택은 소비자의 감정과 구매 결정에 직접적인 영향을 미치며, 이는 기업의 성공에 큰 기여를 합니다. 예를 들어, 패션 디자인에서는 특정 색상이 유행을 선도하거나 소비자에게 긍정적인 이미지를 전달하는 데 중요한 역할을 합니다. 인테리어 디자인에서도 색의 선택은 공간의 분위기를 결정짓는 중요한 요소로 작용하며, 색의 심리적 효과를 고려하여 더욱 편안하고 조화로운 환경을 조성할 수 있습니다.

전문가가 아니더라도 색의 기본적인 이해는 일상생활에서의 선택과 경험을 풍부하게 만들어 줍니다. 예를 들어, 집안의 인테리어 색상을 선택할 때 색의 심리적 효과를 고려하면 더욱 편안하고 조화로운 공간을 만들 수 있습니다. 또한, 색의 조합을 통해 개인의 스타일을 표현하거나 특정한 감정을 전달하는 데 도움을 줄 수 있습니다. 이러한 색에 대한 이해는 단순히 미적 요소를 넘어서, 우리의 삶의 질을 향상시키는 데 기여할 수 있습니다.

21세기의 색

21세기 색 이론은 과학과 기술의 비약적인 발전을 바탕으로 색을 이해하고 활용하는 방식을 근본적으로 변화시키고 있습니다. 이 이론은 색의 정의, 지각, 그리고 심리적 효과를 포괄적으로 다루며, 예술과 디자인 분야에서의 응용을 통해 현대사회에서 색이 가지는 중요성을 더욱 부각시키고 있습니다.

색의 정의는 빛의 파장에 의해 결정되며, 이는 인간의 눈에 의해 인식되는 방식과 밀접한 관련이 있습니다. 색은 물체의 물리적 성질과 조명 조건에 따라 다양하게 변할 수 있으며, 이러한 특성은 색의 복잡성을 더욱 강조합니다. 색은 단순한 시각적 경험을 넘어 감정과 깊은 연관성을 지니고 있으며, 이는 색채 심리학의 중요한 연구 분야로 자리 잡고 있습니다. 예를 들어, 빨간색은 열정과 위험을 상징하며, 이는 사람들에게 강렬한 감정적 반응을 유도하는 특성을 가지고 있습니다. 이러한 색의 정의와 기본 이론은 색을 이해하는 데 필수적인 기초를 제공하며, 색의 복합적인 의미를 탐구하는 데 도움을 줍니다.

21세기에는 디지털 색상 모델이 널리 사용되고 있으며, RGB, CMYK와 같은 모델은 색을 정확하게 재현하고 조정하는 데 필수적인 도구로 자리 잡고 있습니다. 이러한 기술적 발전은 색의 이론을 더욱 심화시키고 있으며, 색의 물리적 특성과 인간의 색 지각에 대한 연구가 지속적으로 진행되고 있습니다. 이는 색의 이해를 더욱 깊이 있게 만들어 주며, 다양한 분야에서 색을 활용하는 데 기여하고 있습니다. 예를 들어, 디지털 아트와 디자인에서는 이러한 색상 모델을 통해 색의 정확한 표현이 가능해져, 예술가들이 창의적인 작업을 수행하는 데 큰 도움을 주고 있습니다. 디지털 환경에서 색의 조합과 변형은 무한한 가능성을 제공하며, 이는 현대 예술의 새로운 경향을 이끌고 있습니다.

색의 이론은 예술가와 디자이너가 색을 효과적으로 활용하는 데 필수적인 요소로 작용합니다. 색의 조화, 대비, 배치 등을 통해 시각적 효과를 극대화할 수 있으며, 이는 작품의 감정적 전달력과 시각적 매력을 높이는데 중요한 역할을 합니다. 또한, 색은 브랜드 이미지와 소비자 인식에 큰 영향을 미치므로, 마케팅 전략에서도 중요한 요소로 고려됩니다. 색의 선택은 소비자의 감정과 행동에 직접적인 영향을 미치며, 이는 기업의 성공에 기여하는 중요한 요소로 작용합니다. 예를 들어, 특정 색상이 소비자에게 긍정적인 감정을 유도하거나 브랜드의 정체성을 강화하는 데 기여할 수 있습니다. 이러한 이유로 많은 기업이 색채 심리학을 연구하여 소비자에게 가장 효과적인 색상을 선택하려고 노력하고 있습니다.

결론적으로, 21세기 색 이론은 색을 이해하고 활용하는 방식을 혁신적으로 변화시키고 있으며, 이는 예술, 디자인, 마케팅 등 다양한 분야에서 중요한 역할을 하고 있습니다. 이러한 변화는 색의 복잡한 특성과 그 활용 가능성을 더욱 넓히며, 현대사회에서 색이 가지는 의미와 중요성을 재조명하는 계기가 되고 있습니다. 색 이론은 앞으로도 계속 발전할 것이며, 이는 우리의 시각적 경험과 감정적 반응에 깊은 영향을 미칠 것입니다. 이러한 발전은 색이 단순한 시각적 요소를 넘어, 인간의 삶과 문화에 깊이 뿌리내린 중요한 요소로 자리 잡게 할 것입니다.

Chapter

02

1. 컬러심리란
2. 컬러심리의 역사
고대시대의 컬러심리
중세시대의 컬러심리
근대시대의 컬러심리
현대시대의 컬러심리
21세기의 컬러심리

컬러심리의 이해

컬러심리는 컬러가 인간의 감정, 행동, 인식에 미치는 영향을
연구하는 심리학의 한 분야입니다.
20세기 중반부터 색상에 대한 심리학적 연구가 활발히 진행되면서,
컬러가 인간의 감정과 행동에 미치는 영향을
이해하 는데 중요한 기초가 마련되었습니다.

* 컬러심리란

컬러심리는 색상이 인간의 감정, 행동, 인식에 미치는 영향을 탐구하는 심리학의 한 분야로, 색상은 단순한 시각적 요소를 넘어 사람의 기분이나 감정 상태에 깊은 영향을 미친다는 점에서 중요한 의미를 지닙니다.

예를 들어, 빨간색은 종종 열정, 에너지, 경고와 연관되어 있으며, 이는 사람의 심박수를 증가시키는 효과를 가져올 수 있습니다. 반면, 파란색은 차분함, 안정감, 신뢰와 관련이 있으며, 많은 사람이 이 색상을 접할 때 편안함을 느낀다고 알려져 있습니다. 이러한 컬러의 심리적 효과는 마케팅, 디자인, 예술 등 다양한 분야에서 활용되고 있습니다.

컬러심리는 특정 색상이 소비자의 행동에 미치는 영향을 이해하는 데 도움을 줍니다. 예를 들어, 특정 색상이 소비자의 구매 결정에 영향을 미칠 수 있으며, 이는 광고나 브랜드 디자인에서 색상을 선택할 때 중요한 요소로 작용합니다. 또한, 색상은 환경의 분위기를 조성하는 데도 큰 역할을 합니다. 따뜻한 색조는 아늑하고 친근한 느낌을 주는 반면, 차가운 색조는 현대적이고 세련된 느낌을 전달할 수 있습니다.

컬러심리는 문화적 배경에 따라 다르게 해석될 수 있는 점도 중요합니다. 동일한 색상이 다른 문화권에서는 전혀 다른 의미를 가질 수 있기 때문에, 색상을 사용할 때는 그 문화적 맥락을 고려하는 것이 필수적입니다. 예를 들어, 흰색은 서양에서는 순수함과 결혼을 상징하지만, 일부 아시아 문화에서는 장례식과 관련이 있습니다.

결론적으로, 컬러심리는 색상이 인간의 감정과 행동에 미치는 영향을 탐구하는 분야로, 색상의 선택과 사용이 개인의 심리적 반응과 어떻게 연결되는지를 이해하는 데 중요한 역할을 합니다. 이를 통해 사람들은 색상을 효과적으로 활용하여 원하는 감정이나 반응을 유도할 수 있습니다.

* 컬러심리의 역사

고대시대의 컬러심리

고대 이집트에서는 색상이 신비로운 힘을 지닌 것으로 여겨졌습니다. 이집트인들은 색상이 단순한 시각적 요소가 아니라 영적인 의미와 주술적인 힘을 지닌 것으로 믿었습니다. 예를 들어, 붉은색은 악귀와 귀신을 물리치는 힘이 있다고 여겨져 주술적인 주문에 사용되었습니다. 이러한 신비주의적 관점은 색상이 인간의 삶에 미치는 영향을 강조하며, 색상이 단순한 물리적 현상이 아니라는 점을 부각시킵니다. 또한, 이집트에서는 특정 색상이 질병과 관련이 있다고 믿어졌습니다. 멍이 든 부위에는 보라색, 상처에는 빨간색 약물이 사용되었으며, 이는 색상이 건강과 치유에 미치는 영향을 반영합니다.

고대 그리스와 로마에서는 색상이 특정 감정이나 상태를 상징하는 것으로 인식되었습니다. 이 시기의 예술가들은 색상을 통해 감정을 표현하고 관객의 반응을 유도하는 데 중점을 두었습니다. 예를 들어, 파란색은 평화와 안정, 빨간색은 열정과 사랑을 나타내며, 이러한 색상의 상징성은 인간의 감정과 행동에 대한 깊은 이해를 바탕으로 하고 있습니다. 그리스와 로마의 컬러심리는 예술과 문화 전반에 걸쳐 색상이 어떻게 활용될 수 있는지를 보여주는 중요한 사례입니다.

고대 중국에서는 오행 이론에 따라 색상이 자연의 요소와 연결되어 있었습니다. 청색은 나무, 적색은 불, 백색은 금속, 흑색은 물, 황색은 토양을 상징하며, 이러한 색상의 상징적 의미는 자연과 인간의 관계를 반영합니다. 또한, 색상은 개인의 성격과 운명에도 영향을 미친다고 여겨졌습니다. 특정 색상을 착용함으로써 긍정적인 에너지를 끌어올릴 수 있다고 믿었으며, 이는 색상이 개인의 삶에 미치는 영향을 강조합니다.

고대 인도에서는 색상이 종교적 의미를 지니고 있었습니다. 빨간색은 사랑과 결혼을 상징하고, 흰색은 순수함과 죽음을 나타냅니다. 이러한 색상의 종교적 상징성은 인간의 삶과 죽음, 그리고 영적 수행과의 관계를 보여줍니다. 또한, 색상은 명상과 영적 수행에서도 중요한 역할을 하며, 특정 색상이 특정 에너지를 불러일으킨다고 믿어졌습니다. 이는 색상이 인간의 정신적 경험에 미치는 영향을 강조합니다.

중세시대의 컬러심리

중세시대의 컬러심리는 그 시대의 종교적, 사회적, 문화적 배경을 깊이 이해하는 데 중요한 요소입니다. 각 색상은 특정한 감정이나 메시지를 전달하는 데 중요한 역할을 하였으며, 이는 예술, 건축, 의복 등 여러 분야에서 뚜렷하게 나타났습니다.

빨간색은 중세시대에 사랑과 열정, 그리고 희생을 상징하는 색으로 널리 알려져 있었습니다. 기독교적 맥락에서 빨강은 예수 그리스도의 피를 상징하며, 종교적 의미에서 중요한 역할을 했습니다. 이러한 상징성은 사람들에게 강한 감정적 반응을 불러일으켰고, 빨강은 신성한 사랑과 희생의 이미지를 전달하는 데 자주 사용되었습니다.

반면, 파란색은 신성함과 평화를 나타내는 색으로 여겨졌습니다. 특히 성모 마리아와 관련된 색으로, 그녀의 의복에 자주 사용되었습니다. 파랑은 신의 은총과 보호를 상징하며, 중세 사람들에게 안정감과 신뢰를 주는 색으로 인식되었습니다. 이러한 색상은 종교적 예술작품에서도 자주 사용되어, 신성한 존재와의 연결을 강조하는 데 기여했습니다.

초록색은 생명과 재생을 상징하는 색으로, 중세의 정원과 자연은 신의 창조물로 여겨졌습니다. 초록색은 이러한 자연의 아름다움을 나타내며, 생명력과 희망을 상징했습니다. 중세 사람들은 자연을 통해 신의 존재를 느끼고, 초록색은 그러한 신성한 창조물의 상징으로 자리 잡았습니다.

노란색은 중세시대에 배신이나 질투를 상징하기도 했지만, 동시에 빛과 희망을 나타내는 색으로도 사용되었습니다. 이러한 이중적인 의미는 노란색이 사람들에게 복잡한 감정을 불러일으킬 수 있음을 보여줍니다. 노란색은 종종 밝고 긍정적인 이미지를 전달하는 데 사용되었지만, 그 이면에는 부정적인 감정도 내포되어 있었습니다.

흰색은 순수함과 결백을 상징하는 색으로, 중세의 결혼식에서 신부가 흰색 드레스를 입는 것은 이러한 순수함을 나타내기 위한 것이었습니다. 흰색은 신성한 존재와의 연결을 강조하며, 중세 사람들에게는 중요한 상징으로 여겨졌습니다. 이는 결혼이라는 신성한 의식에서 순수한 사랑과 결합을 나타내는 데 기여했습니다.

마지막으로, 검정색은 죽음과 슬픔을 상징하는 색으로, 중세시대에는 장례식에서 자주 사용되었습니다. 검정색은 고통과 상실을 나타내는 색으로 여겨졌으며, 사람들은 이를 통해 슬픔을 표현하고 애도하는 의식을 치렀습니다. 검정색의 사용은 중세 사회에서 죽음과 관련된 감정을 전달하는 중요한 수단이었습니다.

결론적으로, 중세시대의 색상 사용은 그 시대의 종교적, 사회적, 문화적 맥락을 반영하며, 각 색상은 특정한 감정이나 메시지를 전달하는 데 중요한 역할을 했습니다.

근대시대의 컬러심리

근대 초기(17세기~19세기)는 사회적, 정치적, 과학적 변화가 급격하게 일어난 시기로, 색채에 대한 인식과 활용이 크게 변모한 시기입니다. 이 시기는 르네상스 이후 예술과 과학의 발전, 그리고 산업 혁명과 같은 중요한 사건들이 있었던 시기로, 색상은 단순한 시각적 요소를 넘어 사회적 의미와 상징성을 지니게 되었습니다. 각 색상은 그 시대의 문화적 맥락을 반영하며, 사람들의 감정과 행동에 영향을 미쳤습니다.

빨간색은 여전히 사랑과 열정을 상징했지만, 이 시기에는 권력과 부의 상징으로도 인식되었습니다. 왕족이나 귀족들이 빨간색을 사용하여 자신의 지위를 과시하는 경우가 많았으며, 이는 사회적 계층을 나타내는 중요한 요소로 작용했습니다. 빨강은 강렬한 감정을 불러일으키는 색으로 자리 잡으면서 권력과 부의 상징으로서 사람들에게 깊은 인상을 남겼습니다.

파란색은 안정성과 신뢰를 상징하는 색으로 자리 잡았습니다. 특히 상업과 무역의 발전과 함께 파란색은 신뢰를 나타내는 색으로 사용되었으며, 많은 기업의 로고와 브랜드 색상으로 채택되었습니다. 파랑은 사람들에게 안정감을 주는 색으로 인식되었고, 이는 경제적 변화와 함께 사회적 신뢰를 구축하는 데 기여했습니다.

초록색은 여전히 자연과 재생을 상징하는 색으로 중요한 의미를 지니고 있었습니다. 그러나 산업화가 진행됨에 따라 자연과의 관계가 변화하면서 초록색의 의미는 복잡해졌습니다. 초록색은 자연의 아름다움을 나타내는 동시에, 산업화로 인한 환경 파괴의 상징으로도 인식되었습니다. 이러한 이중적인 의미는 사람들에게 자연과 산업 간의 갈등을 상기시키며, 색상이 지닌 상징적 의미가 시대에 따라 어떻게 변화하는지를 보여줍니다.

노랑색은 희망과 기쁨을 상징하는 색으로 여겨졌습니다. 그러나 동시에 질투와 배신의 의미도 내포하고 있어, 상황에 따라 다르게 해석될 수 있었습니다. 노랑은 밝고 긍정적인 이미지를 전달하는 데 사용되었지만, 그 이면에는 부정적인 감정도 존재했습니다. 이러한 이중적인 특성은 노랑색이 사람들에게 복잡한 감정을 불러일으킬 수 있음을 나타냅니다.

흰색은 순수함과 결백을 상징하는 색으로 여전히 중요한 역할을 했습니다. 특히 결혼식에서 신부가 흰색 드레스를 입는 전통이 이 시기에 확립되었으며, 이는 순수한 사랑과 결합을 나타내는 중요한 상징으로 자리 잡았습니다. 흰색은 신성한 존재와의 연결을 강조하며, 중세시대의 전통을 이어받아 현대사회에서도 여전히 중요한 의미를 지니고 있습니다.

검정색은 여전히 슬픔과 죽음을 상징했지만, 동시에 세련됨과 고급스러움을 나타내는 색으로도 인식되었습니다. 패션에서 검정색은 권위와 우아함을 나타내는 색으로 자리 잡았으며, 이는 사회적 지위와 개인의 정체성을 표현하는 중요한 수단이 되었습니다. 검정색의 사용은 슬픔과 고통을 표현하는 동시에, 세련된 스타일을 추구하는 사람들에게 매력적인 선택이 되었습니다.

이 시기의 색상 사용은 예술, 문학, 패션 등 다양한 분야에서 나타났으며, 색채에 대한 심리적 반응은 개인의 감정과 사회적 맥락에 따라 달라졌습니다. 또한 색채에 대한 과학적 연구가 시작되면서 색상의 물리적 특성과 심리적 효과에 대한 이해가 깊어졌습니다. 이러한 변화는 현대 색채 심리학의 기초가 되었으며, 색상이 지닌 상징적 의미와 심리적 효과에 대한 연구는 오늘날에도 계속해서 발전하고 있습니다.

현대시대의 컬러심리

20세기 중반 이후, 컬러심리는 사회적 변화, 기술 발전, 그리고 심리학적 연구의 진전에 따라 밀접하게 발전해 왔습니다. 이 시기는 색상에 대한 인식과 활용이 더욱 다양해지고 복잡해지면서, 색상이 개인의 감정, 행동, 그리고 사회적 상징으로서의 역할을 더욱 강조하게 되었습니다. 현대 컬러심리는 단순한 미적 요소를 넘어, 인간의 심리와 사회적 맥락을 반영하는 중요한 요소로 자리 잡고 있습니다.

20세기 중반부터 색상에 대한 심리학적 연구가 활발히 진행되면서, 색상이 인간의 감정과 행동에 미치는 영향을 이해하는 데 중요한 기초가 마련되었습니다. 색채 심리학의 발전은 특정 색상이 특정한 감정을 유발하거나 행동을 촉진하는 데 중요한 역할을 한다는 사실을 밝혀냈습니다. 예를 들어, 빨간색은 에너지와 열정을 상징하며, 이는 사람들에게 강렬한 감정을 불러일으킬 수 있습니다. 이러한 연구들은 색상이 단순한 시각적 요소가 아니라, 인간의 심리와 행동에 깊은 영향을 미친다는 것을 보여줍니다.

현대 마케팅과 광고에서 색상은 브랜드 아이덴티티의 핵심 요소로 자리 잡았습니다. 기업들은 특정 색상을 활용하여 소비자에게 특정한 감정을 유도하고, 브랜드 이미지를 강화하려고 합니다. 예를 들어, 파란색은 신뢰와 안정성을 나타내며, 금융 기관이나 기술 기업에서 자주 사용됩니다. 반면, 빨간색은 열정과 긴급성을 전달하는 데 효과적이며, 음식 관련 광고에서 자주 활용됩니다. 이러한 색상 사용은 소비자의 감정과 행동에 직접적인 영향을 미치며, 브랜드의 성공에 기여합니다.

현대사회에서는 색상에 대한 인식이 문화에 따라 다르게 나타납니다. 예를 들어, 흰색은 서양에서 순수함을 상징하지만, 일부 아시아 문화에서는 장례식과 관련된 색으로 여겨집니다. 이러한 문화적 차이는 색상 사용에 있어 중요한 요소로 작용하며, 글로벌화가 진행되는 현대사회에서 더욱 두드러집니다.

디지털 미디어의 발전 또한 색상 표현의 다양성을 증가시켰습니다. 웹 디자인, 앱 개발 등에서 색상은 사용자 경험에 큰 영향을 미치며, 색상 조합과 대비가 중요하게 고려됩니다. 디지털 환경에서의 색상 사용은 소비자와의 상호작용을 극대화하는 데 필수적인 요소로 자리 잡고 있습니다.

현대의 컬러심리는 개인의 감정과 사회적 맥락을 반영하며, 색상이 인간의 행동과 인식에 미치는 영향을 이해하는 데 중요한 역할을 하고 있습니다. 이러한 컬러심리에 대한 이해는 현대사회에서 색상을 효과적으로 활용하는 데 필수적이며, 앞으로도 계속해서 발전할 분야입니다.

21세기의 컬러심리

21세기에 들어서면서 컬러심리는 디지털 시대의 도래와 함께 새로운 국면을 맞이하게 되었습니다. 인터넷과 모바일 기술의 발전은 색상이 단순한 시각적 요소를 넘어, 사용자 경험(UX)과 인터페이스 디자인

(UI)에서 중요한 역할을 하게 만들었습니다. 웹사이트와 애플리케이션의 색상 선택은 사용자의 감정과 행동에 직접적인 영향을 미치며, 이는 기업의 성공에 결정적인 요소로 작용합니다. 예를 들어, 많은 기업들이 브랜드 아이덴티티를 구축하기 위해 특정 색상을 선택하고, 이를 통해 소비자와의 정서적 연결을 강화하고 있습니다. 색상은 브랜드의 인식과 신뢰도를 높이는데 기여하며, 소비자에게 긍정적인 경험을 제공하는 데 중요한 역할을 합니다.

디지털 환경에서 색상은 정보 전달의 효율성을 높이는데도 기여합니다. 예를 들어, 경고 메시지에는 빨간색이 사용되는 경우가 많고, 안정감을 주기 위해 파란색이 선택되는 경우가 많습니다. 이러한 색상 사용은 사용자가 정보를 빠르게 인식하고 반응할 수 있도록 도와줍니다. 따라서, 색상 선택은 단순한 미적 요소를 넘어, 사용자 인터페이스의 기능성과 직결되는 중요한 요소로 자리 잡고 있습니다.

또한, 21세기에는 색채치료와 같은 대체 요법이 주목받고 있습니다. 색상이 인간의 감정과 정신 건강에 미치는 영향을 연구하는 분야가 확장되면서, 색상을 활용한 치료법이 개발되고 있습니다. 연구에 따르면, 특정 색상은 불안감을 줄이고 안정감을 증진시키는 데 도움을 줄 수 있으며, 이는 심리 치료의 한 방법으로 자리 잡고 있습니다. 예를 들어, 파란색은 차분함과 안정감을 주는 색으로 알려져 있으며, 이는 스트레스 감소와 관련된 연구에서도 긍정적인 결과를 보여주고 있습니다. 이러한 색채치료는 개인의 정신적 웰빙을 증진시키는 데 기여하며, 현대사회에서 점점 더 많은 관심을 받고 있습니다.

컬러심리는 문화적 맥락에서도 중요한 역할을 합니다. 글로벌화가 진행됨에 따라, 다양한 문화에서 색상이 지니는 의미와 상징이 서로 다르게 해석되고 있습니다. 기업들은 이러한 문화적 차이를 이해하고, 각 지역에 맞는 색상 전략을 수립함으로써 소비자와의 관계를 강화하고 있습니다. 예를 들어, 서양에서는 흰색이 순수함과 결혼을 상징하지만, 동양에서는 장례식과 관련된 색으로 여겨지기도 합니다. 이러한 문화적 이해는 글로벌 마케팅에서 필수적인 요소로 자리 잡고 있으며, 기업들이 다양한 시장에서 성공하기 위해서는 각 문화의 색상 의미를 고려해야 합니다.

결론적으로, 컬러심리는 역사적으로 깊은 뿌리를 가지고 있으며, 21세기에는 과학적 연구와 기술의 발전으로 인해 더욱 발전하고 있습니다. 색상은 단순한 시각적 요소를 넘어, 인간의 감정, 행동, 그리고 문화적 맥락을 반영하는 복합적인 요소로 자리 잡고 있습니다. 이러한 컬러심리에 대한 이해는 개인의 삶과 기업의 성공 모두에 중요한 영향을 미치며, 앞으로도 계속해서 발전할 것으로 기대됩니다. 색상은 우리의 일상에서 중요한 역할을 하며, 그 의미와 효과를 이해하는 것은 현대사회에서 더욱 중요해질 것입니다.

Chapter

03

1. 컬러테라피란
2. 컬러테라피의 역사

고대시대의 컬러테라피

중세시대의 컬러테라피

근대시대의 컬러테라피

현대시대의 컬러테라피

21세기의 컬러테라피

컬러테라피의 이해

'의학의 아버지'로 알려진 히포크라테스는 인체가 4원소(불, 물, 공기, 흙)로 구성되어 있으며, 이와 관련된 체액(혈액, 점액, 담즙 등)의 조화가 깨질 때 질병이 발생한다고 주장했습니다. 이러한 체액설은 컬러테라피의 기초가 되었습니다.

* 컬러테라피란

    컬러테라피는 컬러를 활용하여 인간의 심리적 및 신체적 건강을 증진시키는 방법으로, 색이 인간의 감정과 신체에 미치는 영향을 연구하는 분야입니다. 인간의 오감 중 시각이 차지하는 비율은 87%에 달하며, 이 중 60~70%는 색상 인식에 해당합니다. 이는 사람이 태어나면서 주변 환경과 소통하는 과정에서 형태보다 색을 먼저 인지하게 됨을 의미합니다. 이러한 색에 대한 인식은 일생 동안 가장 오래 기억에 남는 감각 중 하나로, 색은 우리의 감정과 상태를 반영하는 중요한 요소입니다.

    색은 빛이며 에너지로, 가시광선의 범위인 빨강에서 보라까지 다양한 파장에서 에너지가 발생합니다. 이 에너지는 신체에 전달되어 개인마다 필요한 색과 에너지가 다르게 나타납니다. 사람들은 선호하는 색이나 순간적으로 끌리는 색이 있으며, 이는 모두 빛 에너지의 영향을 받습니다. 컬러 자극은 시신경을 통해 대뇌에 전달되며, 이는 신체의 성장 조직과 연결되어 직접적인 영향을 미칩니다. 이러한 과정은 사람의 감성을 자극하고 심리적인 변화를 유도합니다. 따라서 컬러테라피는 성인병 및 질병 치유, 건강 유지 등을 위한 다양한 치료법에 적용되고 있습니다.

    Ghadiali는 컬러를 치료법에 도입한 최초의 의사로, 여러 색과 빛이 인간에게 미치는 치유 효과를 과학적으로 뒷받침하는 이론을 확립하였습니다. 그는 특정한 빛과 색이 신체 기관이나 조직에 자극을 주며, 반대로 기능을 저하시킬 수 있는 색도 있다는 사실을 발견하였습니다. 이로 인해 신체의 특정 부분이 정상적으로 작용하지 않을 때, 적절한 색으로 치료하면 기능을 회복할 수 있다는 것을 알게 되었습니다.

또한, Finesen은 빛과 색을 이용하여 심상 루프스 환자를 치료한 업적으로 노벨 의학상을 수상하였습니다. 그는 광선이 세균의 성장을 억제하고 미생물을 죽일 수 있다는 사실을 발견하였으며, 이를 바탕으로 천연두 치료법으로 적외선을 사용할 것을 권장하였습니다. 이후 그는 심상 루프스에 대한 광치료법을 개발하였습니다. 이러한 연구들은 색상을 통해 인간의 주변 환경을 보다 쾌적하고 안전하게 만들고자 하는 지속적인 노력을 보여줍니다. 더 나아가, 색채치료 또는 색채요법은 대체 의학의 한 분야로 자리매김하고 있습니다.

색은 각 개인마다 느끼는 감각과 감성이 다르며, 자극을 진정시키거나 평온하게 하며, 때로는 흥분을 유발하기도 합니다. 색은 따뜻한 느낌이나 차가운 느낌, 짜증스러운 느낌, 즐거운 느낌을 전달할 수 있으며, 정열을 불러일으키거나 정신력을 높여주는 역할도 합니다. 이러한 감각적인 효과 외에도 색은 정신적으로도 다양한 영향을 미쳐 우리의 건강 상태를 개선하고, 의식을 깨워 스스로 살아있음을 느끼게 해줄 수 있습니다.

예를 들어, 런던의 템즈강에 있는 블랙프라이어 다리는 검은색으로 칠해져 있었으나, 녹색으로 변경한 이후 자살률이 3분의 1로 감소한 사례가 있습니다. 이는 색상이 사람의 심리에 미치는 영향을 잘 보여줍니다. 검은색은 우울감을 유발할 수 있는 반면, 빨간색은 행동을 자극하는 색으로 알려져 있습니다. 이러한 사례들은 색이 사람의 마음을 움직여 인생을 변화시킬 수 있는 가능성을 시사합니다.

현대적 의미의 컬러테라피는 개인의 건강과 정신적 행복을 증진시키기 위한 중요한 접근법으로, 색의 다양한 특성을 활용하여 신체적, 심리적, 영적 균형을 유지하는 데 기여합니다. 이는 대체 및 보완 의학의 한 분야로 자리 잡고 있으며, 개인의 웰빙을 도모하는 데 중요한 역할을 합니다. 색의 인식은 생리적 현상으로, 시각을 통해 이루어지며, 이는 감각을 통해 특정 감정을 유발하는 심리적 현상과 밀접하게 연결되어 있습니다.

결국, 컬러테라피는 색의 심리적, 생리적 효과를 이해하고 활용하여 개인의 건강과 행복을 증진시키는 방법으로, 색의 조화와 균형을 통해 긍정적인 변화를 이끌어낼 수 있습니다. 색은 단순한 시각적 요소를 넘어, 우리의 감정과 신체적, 정신적 건강에 깊은 영향을 미친다는 점에서 중요한 역할을 합니다. 이러한 색의 힘을 활용하여 보다 건강하고 행복한 삶을 영위할 수 있는 가능성을 제시하는 컬러테라피는 앞으로도 많은 사람들에게 긍정적인 영향을 미칠 것입니다.

* 컬러테라피의 역사

고대시대의 컬러테라피

컬러테라피는 색이 인간의 건강과 감정에 미치는 영향을 인식하고 활용한 오랜 역사적 배경을 지닌 치료법입니다. 이 치료법은 고대 문명에서 시작되어 다양한 문화에서 발전해 왔으며, 색의 힘이 인간의 신체와 정신에 미치는 영향을 깊이 이해하고 있던 고대인들의 지혜를 반영합니다.

고대 이집트에서는 컬러테라피의 초기 형태가 뚜렷하게 나타납니다. 이집트인들은 태양을 숭배하며, 신전의 설계에서 색의 중요성을 강조했습니다. 각 방마다 다른 색의 햇빛이 들어오도록 설계된 신전은 빛을 이용해 질병을 치료하는 공간으로 기능했습니다. 이들은 색이 신체와 정신에 미치는 영향을 깊이 이해하고 있었으며, 이를 통해 질병을 예방하고 치유하는 방법을 모색했습니다. 신전의 색상은 단순한 장식이 아니라, 영적이고 육체적인 치유 행위에 필수적인 요소로 여겨졌습니다. 이러한 색의 사용은 이집트 문화에서 중요한 역할을 하였으며, 색이 인간의 감정과 건강에 미치는 영향을 인식한 결과로 볼 수 있습니다.

고대 중국과 인도에서도 컬러테라피는 중요한 치료법으로 자리 잡았습니다. 고대 중국 의학에서는 색을 신체의 에너지 균형을 유지하는 데 필수적인 요소로 통합했습니다. 색은 기(氣)의 흐름과 관련이 있으며, 특정 색이 신체의 특정 부분에 영향을 미친다고 여겨졌습니다. 이러한 관점은 색이 단순한 시각적 요소가 아니라, 신체의 에너지 흐름과 밀접하게 연결되어 있다는 것을 보여줍니다. 고대 중국인들은 색을 통해 신체의 균형을 맞추고, 건강을 유지하는 방법을 발전시켰습니다.

또한, 고대 인도의 아유르베다 체계에서도 색의 치료 가능성을 받아들였습니다. 아유르베다 텍스트는 몸의 균형을 맞추기 위해 특정 색을 사용하는 방법을 기록하고 있습니다. 이 체계에서는 색이 신체의 에너지와 감정에 미치는 영향을 고려하여, 각 색이 특정한 치료 효과를 지닌다고 믿었습니다. 이러한 색의 사용은 아유르베다의 원리와 결합되어, 인간의 건강과 웰빙을 증진시키는 데 기여했습니다.

고대 문명에서 컬러와 치료의 관계는 매우 흥미로운 주제입니다. 고대 이집트, 바빌로니아, 아시아의 여러 문화에서는 색과 빛이 치료에 중요한 역할을 한다고 믿었습니다. 이들은 햇빛과 보석의 색을 이용하여 다양한 질병을 치료하려 했으며, 각 색이 특정 질병에 효과가 있다고 여겼습니다. 예를 들어, 사파이어와 에메랄드는 눈병에, 루비는 비장과 간장병에, 자수정은 뱀독의 해독제로 사용되었다고 전해집니다.

고대 그리스에서는 색이 인체의 네 가지 체액과 조화를 이루는 데 중요한 역할을 한다고 여겼으며, 건강은 이러한 균형이 유지되는 상태로 정의되었습니다. 피타고라스와 히포크라테스의 영향을 받은 아울렐리우스는 색이 든 연고와 꽃을 이용한 치료법을 연구하고 발표했습니다. 이러한 컬러치료의 기원은 이집트, 인도, 중국 등 고대 문명에서 찾아볼 수 있으며, 원시 종교와 샤먼의 의식에서도 색이 중요한 역할을 했습니다.

고대 의학에서 컬러의 치유력에 대한 관심은 여러 의사와 철학자들에 의해 발전되었습니다. 기원전 1세기경 로마의 의사 켈수스는 의학에 관한 8권의 책을 저술하며 컬러의 중요성을 강조했습니다. 그는 약을 제조할 때 식물의 고유한 색을 고려하여 처방하였고, 다양한 꽃과 색의 고약들이 색에 따라 사용되었습니다. 특히 그는 빨간색 고약이 상처를 더 빨리 아물게 한다고 기록했습니다.

그리스의 의학자 갈레노스는 멍의 색 변화(빨강, 검정, 파랑, 자주, 초록, 노랑)를 통해 질병의 변화를 파악하는 데 주목했습니다. 이러한 색 변화는 질병의 진행 상황을 이해하는 데 중요한 역할을 했습니다. '의학의 아버지'로 알려진 히포크라테스는 인체가 4원소(불, 물, 공기,

흙)로 구성되어 있으며, 이와 관련된 체액(혈액, 점액, 담즙 등)의 조화가 깨질 때 질병이 발생한다고 주장했습니다. 이러한 체액설은 컬러테라피의 기초가 되었습니다.

아랍의 물리학자 아비센나(Avicenna)는 그의 저서 '의학의 정전(Canon of Medicine)'에서 질병의 진단과 치료에서 색의 중요성을 명확히 밝혔습니다. 그는 색이 질병의 증세를 관찰하는 데 도움이 된다고 언급하며, 특정 색이 신체의 상태와 관련이 있다고 주장했습니다. 예를 들어, 그는 코피로 고생하는 사람은 빨간색을 피해야 하고, 파란색이 혈액의 움직임을 진정시키는 효과가 있다고 설명했습니다. 또한, 붉은 꽃은 혈액 관련 질환에, 노란 꽃과 아침 햇살은 담즙계 질환에 효과적이라고 주장했습니다.

중세시대의 컬러테라피

중세시대의 연금술사들은 색에 대해 깊은 상징적 의미를 부여하고, 이를 행성과 영적인 속성과 연결 짓는 독특한 관점을 가지고 있었습니다. 이들은 색이 인간의 정신과 감정에 미치는 영향을 탐구하며, 색의 힘을 통해 치유와 영적 성장을 이루고자 했습니다. 이러한 접근은 단순히 시각적 요소를 넘어서, 색이 인간의 내면세계와 밀접하게 연결되어 있다는 인식을 바탕으로 하였습니다.

 중세시대의 컬러테라피는 여러 가지 실천 방법을 통해 발전하였으며, 그중 하나로 일광욕이 있었습니다. 중세인들은 일광욕을 할 때 색깔 있는 천을 활용하여 색을 조절하는 방법을 사용했습니다. 이는 색의 파장이 신체와 정신에 미치는 영향을 인식한 사례로 볼 수 있으며, 색의 조절을 통해 신체적, 정신적 균형을 맞추려는 노력은 중세시대의 컬러테라피에서 중요한 역할을 했습니다. 이러한 실천은 색이 단순한 시각적 경험이 아니라, 치유의 도구로서 기능할 수 있다는 인식을 확산시켰습니다.

 또한, 중세시대에는 특정 색이 기분과 감정에 미치는 영향을 연구하는데 많은 관심이 쏠렸습니다. 예를 들어, 붉은색은 활력을 주고, 파란색은 안정감을 준다고 여겨졌습니다. 이러한 색의 심리적 효과에 대한 연구는 인간의 감정과 정신 건강을 이해하는 데 중요한 기여를 하였으며, 색이 인간의 내면에 깊은 영향을 미친다는 인식을 더욱 확고히 하였습니다. 이로 인해 색은 단순한 시각적 요소가 아니라, 감정과 정신 상태를 조절하는 중요한 요소로 자리 잡게 되었습니다.

 르네상스 시대에 접어들면서 중세시대의 컬러테라피는 다시 한번 주목받게 되었습니다. 이 시기의 학자들은 색의 치유적 특성에 대한 관심을 재조명하며, 특정 색이 가진 식물과 물질의 치료적 특성을 탐구하기 시작했습니다. 이러한 연구는 중세시대의 컬러테라피가 단순한 전통적 관습을 넘어, 과학적 탐구의 영역으로 확장되는 계기가 되었습니다. 이로 인해 색의 치유적 특성에 대한 이해는 더욱 깊어졌고, 색이 인간의 건강과 웰빙에 미치는 영향에 대한 연구가 활발히 진행되었습니다. 이러한 흐름은 현대의 컬러테라피와 심리학적 연구에도 큰 영향을 미쳤습니다.

근대시대의 컬러테라피

근대시대의 컬러테라피는 18세기 중반부터 본격적으로 시작되었으며, 이 시기는 색채에 대한 과학적 탐구와 의학적 활용 가능성에 대한 관심이 급증하면서 발전하게 되었습니다. 이 시기의 중요한 전환점 중 하나는 아이작 뉴턴이 가시 스펙트럼을 발견한 사건입니다. 뉴턴의 연구는 색을 체계적으로 분류할 수 있는 기초를 마련하였고, 이는 색이 인간의 생리적 현상에 미치는 영향에 대한 관심을 불러일으키는 계기가 되었습니다.

1876년, 아우구스투스 플레즌턴은 'Blue and Sun-light'라는 저서를 출간하여 색이 식물, 동물, 그리고 인간에게 미치는 다양한 영향을 다루었습니다. 특히 그는 푸른빛이 동물의 질병 치료와 생식력 증가에 효과적이라는 연구 결과를 발표하였으며, 이러한 연구는 색채가 생명체에 미치는 긍정적인 영향을 강조하며 컬러테라피의 가능성을 더욱 확장하는데 기여하였습니다.

이어서 1877년에는 세스 팬코스트 박사가 컬러치료에 대한 저서를 출간하였고, 1878년에는 에드윈 배빗이 컬러치료에 대한 이론을 발전시키는 저서를 발표하였습니다. 이들 연구자들은 색채치료의 이론적 기초를 다지며, 색이 인간의 건강과 웰빙에 미치는 영향을 탐구하는 데 중요한 역할을 하였습니다. 특히 배빗은 그의 저서 〈빛과 색의 원리〉를 통해 색의 힘과 의학적 활용 가능성을 심도 있게 탐구하였습니다.

배빗은 빨간색, 노란색, 파란색의 3원색을 중심으로 연구를 진행하며, 색채치료에서 통일성, 유사성, 균형, 조화의 중요성을 강조했습니다. 그의 연구는 색이 인간의 감정과 신체에 미치는 영향을 이해하는 데 기여하였으며, 이는 컬러테라피의 기초를 다지는 데 중요한 역할을 하였습니다. 이러한 연구들은 색의 힘을 활용한 치료법이 의학 분야에서 중요한 위치를 차지하게 되는 계기를 마련하였고, 컬러테라피의 발전에 기여한 여러 연구자들의 노력은 이 분야의 체계화를 촉진하였습니다.

결과적으로, 근대시대의 컬러테라피는 뉴턴의 발견을 시작으로 여러 연구자들의 이론적 발전을 통해 점차 체계화되었으며, 색의 힘을 활용한 치료법이 의학 분야에서 중요한 위치를 차지하게 되는 계기를 마련하였습니다. 이러한 흐름은 현대의 컬러테라피와 심리학적 연구에도 큰 영향을 미쳤으며, 색이 인간의 건강과 웰빙에 미치는 영향에 대한 이해를 더욱 깊게 하는 데 기여하였습니다.

현대시대의 컬러테라피

19세기에는 의학이 과학의 한 분야로 확립되면서 인체의 물리적 측면에 대한 연구가 주를 이루게 되었습니다. 이로 인해 약물과 수술의 발전이 이루어졌고, 컬러를 이용한 치료법에 대한 관심은 상대적으로 감소하게 되었습니다. 그럼에도 불구하고 이 시기에도 컬러의 영향을 탐구한 몇몇 학자들이 존재했습니다.

특히, 슈타이너는 색의 성질을 깊이 연구하고 이를 실용적으로 활용할 수 있는 방법을 개발한 학자로 알려져 있습니다. 그는 색이 가지는 고유한 특성과 그 활용 가능성에 대해 많은 기여를 하였습니다. 또한, 핀센은 햇빛과 자외선을 활용한 결핵 치료법을 개발하여 1903년 노벨상을 수상한 바 있습니다. 이러한 연구들은 컬러의 치료적 가능성을 탐구하는 데 중요한 기초가 되었습니다.

20세기 초반에 들어서면서 유럽에서는 컬러를 치료의 한 형태로 활용하는 연구가 본격적으로 진행되었습니다. Rudolph Steiner는 색의 진동성이 특정한 효과를 발휘한다고 제안하였고, 그의 연구는 후에 Theo Gimbel에 의해 이어졌습니다. Gimbel은 개인의 색 선호도가 심리적 상태와 내분비 불균형을 반영한다고 주장하며, 이를 통해 물리적 및 심리적 진단이 가능하다고 하였습니다. 이러한 초기 연구들은 컬러테라피의 기초를 다지는 데 중요한 역할을 했습니다.

1940년대에는 S. V. Krekov이 붉은색이 자율신경계의 교감신경을 자극하고, 푸른색이 부교감신경을 촉진한다는 연구 결과를 발표하였습니다. 이 연구는 1958년 Robert Gerard에 의해 확증되었으며, Gerard는 색의 스펙트럼에서 파란색에서 빨간색으로 이동할수록 심리적 및 생리적 활동이 증가한다고 제안했습니다. Dr. Herry Wohltarth는 특정 색상이 자율신경계에 미치는 영향을 연구하여 그 결과를 입증하였습니다. 이러한 연구들은 색이 신체에 미치는 생리적 영향을 과학적으로 뒷받침하는 데 기여하였습니다.

20세기 중반에는 헌트가 색을 활용한 진단과 치료에 관한 저서를 출판하고, 색의 효과를 연구하며 컬러램프와 조명 장비를 개발했습니다. 짐벨은 괴테, 슈타이너, 배빗, 헌트의 이론을 바탕으로 다양한 유색광을 투사하는 조명 도구를 개발하여 치료에 활용했습니다.

1950년대에는 신생아의 황달 치료에 햇볕 노출이 효과적이라는 연구가 진행되었고, 1960년대에는 푸른빛이 더욱 효과적이고 안전하다는 것이 밝혀졌습니다. 푸른빛은 류마티스 관절염 치료에도 효과적이며, 손상된 조직과 흉터 방지에도 사용됩니다. 이러한 임상 연구들은 컬러테라피의 실제 적용 가능성을 보여주었습니다.

1990년대에는 미국과학진흥협회에서 우울증, 성기능 장애, 중독 등 다양한 심리적 문제에 대한 푸른빛 치료의 성공 사례가 보고되었습니다. 이는 현대 의학에서 컬러가 치료의 보조 도구로 널리 받아들여지는 계기가 되었습니다. 이러한 연구들은 컬러치료의 과학적 기반을 다지고, 다양한 의학적 적용 가능성을 열어주었습니다.

현대 컬러테라피는 심리학, 통계학, 물리학, 화학 등 여러 학문과 예술 분야와 접목되어 다양한 형태로 발전하고 있습니다. 컬러테라피의 핵심 원리는 색의 에너지입니다. 각 색은 고유한 에너지를 가지고 있으며, 이 에너지는 신체와 마음의 균형을 돕는 역할을 합니다. 예를 들어, 따뜻한 색상은 에너지를 주고 활력을 불어넣는 반면, 차가운 색상은 안정감과 평화를 제공합니다. 이러한 색의 심리적 효과는 스트레스 해소와 감정 조절에 도움을 줄 수 있습니다.

21세기의 컬러테라피

21세기에 접어들면서 컬러테라피는 과학적 연구와 기술의 발전에 힘입어 새로운 전환점을 맞게 되었습니다. 현대의 컬러테라피는 단순한 감정적 치유의 차원을 넘어, 심리 치료와 정신 건강 관리의 중요한 방법으로 자리 잡고 있습니다. 여러 연구 결과에 따르면, 특정 색상은 불안감을 줄이고, 스트레스를 완화하며, 집중력을 향상시키는 등 다양한 긍정적인 효과를 발휘할 수 있다는 사실이 입증되었습니다. 예를 들어, 파란색은 차분함과 안정감을 주는 색으로 널리 알려져 있으며, 이는 스트레스 감소와 관련된 연구에서도 긍정적인 결과를 보여주고 있습니다. 반면, 빨간색은 에너지를 불어넣고 흥분을 유발하는 색으로, 주의력을 높이는데 기여할 수 있습니다.

디지털 시대의 도래는 컬러테라피의 발전에 새로운 가능성을 열어주었습니다. 현대 기술은 색상을 활용한 다양한 치료법을 가능하게 하였으며, 예를 들어 색상 조명 치료, 색상 기반의 명상 애플리케이션, 그리고 가상 현실(VR) 환경에서의 색상 활용 등이 그 대표적인 사례입니다. 이러한 혁신적인 기술들은 사용자가 색상을 통해 자신의 감정을 조절하고, 심리적 안정을 찾는 데 도움을 주고 있습니다. 또한, 색상은 개인의 환경을 조성하는 데 중요한 역할을 하며, 색상 심리학을 기반으로 한 인테리어 디자인은 사람들의 기분과 행동에 긍정적인 영향을 미치는 것으로 알려져 있습니다.

컬러테라피는 대체 요법으로서의 가능성도 인정받고 있으며, 많은 심리치료사와 상담사들이 이를 치료 과정에 통합하고 있습니다. 색상은 감정 표현의 수단으로 활용될 수 있으며, 내담자들이 자신의 감정을 이해하고 표현하는 데 도움을 줄 수 있습니다. 이러한 접근은 특히 아동 상담에서 효과적이며, 아동들이 색상을 통해 자신의 감정을 시각적으로 표현할 수 있는 기회를 제공합니다.

또한, 컬러테라피는 개인의 정서적 웰빙을 증진시키는 데 중요한 역할을 하고 있습니다. 색상은 우리의 감정과 직결되어 있으며, 특정 색상이 주는 감정적 반응은 개인의 심리적 상태에 큰 영향을 미칠 수 있습니다. 예를 들어, 따뜻한 색조는 친밀감과 따뜻함을 느끼게 하여 사회적 상호작용을 촉진할 수 있으며, 차가운 색조는 고요함과 평화를 제공하여 내면의 안정감을 찾는 데 도움을 줄 수 있습니다.

결론적으로, 21세기의 컬러테라피는 과학적 연구와 기술의 발전을 통해 더욱 다양화되고 전문화되고 있습니다. 색상은 단순한 시각적 요소를 넘어, 인간의 감정과 정신 건강에 깊은 영향을 미치는 복합적인 요소로 자리 잡고 있습니다. 앞으로도 컬러테라피는 개인의 삶의 질을 향상시키고, 정신 건강 관리에 중요한 역할을 할 것으로 기대됩니다.

이러한 발전은 색상이 가진 잠재력을 최대한 활용하여, 보다 건강하고 행복한 삶을 영위하는 데 기여할 것입니다.

Chapter

04

레드의 역사
오렌지의 역사
옐로우의 역사
그린의 역사
블루의 역사
로얄블루의 역사
바이올렛의 역사
마젠타의 역사
핑크의 역사

9가지 컬러의 역사

고대 이집트에서 그린컬러는
공작석(Malachite)에서 추출한 녹색 염료로 만들어졌습니다.
이집트인들은 이 색상을 오시리스 신을 그릴 때 사용하였으며,
오시리스는 생명과 재생의 신으로 여겨졌습니다.

컬러는 사람들의 감정과 행동에 깊은 영향을 미치며, 컬러의 역사를 이해하는 것은 컬러가 지닌 심리적 키워드를 파악하는 데 중요한 역할을 합니다.

여기서는 한국컬러심리연구소에서 주로 사용하는 9가지 컬러의 역사와 그 심리적 의미를 살펴보도록 하겠습니다.

레드의 역사

레드 컬러는 인류 역사에서 가장 오래되고 강력한 색 중 하나로, 다양한 문화와 시대를 통해 그 의미와 상징성이 변화해 왔습니다. 고대 이집트와 메소포타미아에서 시작하여 현대에 이르기까지, 레드는 권력, 사랑, 열정, 그리고 저항의 상징으로 자리 잡아 왔습니다.

고대 이집트와 메소포타미아에서는 자연에서 얻은 염료를 통해 레드 컬러가 만들어졌습니다. 이들은 주로 피와 같은 유기물에서 추출된 붉은색소를 사용하여 예술 작품과 의복에 활용했습니다. 이러한 색소는 종교적 의식이나 장례식에서 중요한 역할을 하였으며, 레드는 생명, 죽음, 그리고 재생을 상징하는 색으로 여겨졌습니다. 고대 이집트에서는 레드 컬러가 신성한 의미를 지니고 있었고, 이는 그들의 예술과 건축물에서도 뚜렷하게 나타났습니다. 예를 들어, 이집트의 벽화에서는 신들과 왕들이 붉은색으로 표현되어 그들의 신성함과 권위를 강조했습니다.

고대 로마에서는 레드 컬러가 권력과 부의 상징으로 여겨졌습니다. 고위층은 붉은색의 의복을 입는 것이 일반적이었으며, 이는 그들의 사회적 지위와 권력을 나타내는 중요한 요소였습니다. 로마의 정치적 상징으로서 레드는 군사적 승리와 제국의 힘을 나타내기도 했습니다. 예를 들어, 로마의 군인들은 전투에서 승리한 후 붉은 깃발을 휘날리며 그들의 승리를 기념했습니다. 이러한 전통은 이후 유럽의 여러 문화에서도 이어져, 붉은색은 권위와 지배의 상징으로 자리 잡게 됩니다.

중세시대에 들어서면서 레드 컬러는 종교적 상징으로도 사용되었습니다. 가톨릭 교회에서는 붉은색이 성령과 순교를 상징하며, 이는 신앙의 깊이를 나타내는 중요한 색으로 여겨졌습니다. 성직자들은 붉은색의 의복을 착용하여 신성한 의식을 거행하였고, 이는 신자들에게 강한 감정적 반응을 불러일으켰습니다. 이러한 종교적 상징성은 레드 컬러가 인간의 감정과 영성을 표현하는 데 중요한 역할을 하게 만들었습니다. 중세의 미술 작품에서도 레드 컬러는 성스러운 인물이나 사건을 강조하는 데 사용되었습니다.

르네상스 시기에는 레드 컬러가 예술에서 중요한 역할을 하게 되었습니다. 화가들은 다양한 붉은 색조를 사용하여 감정을 표현하고, 작품에 깊이를 더했습니다. 예를 들어, 앙리 마티스와 같은 화가들은 화학적으로 합성된 색상을 사용하여 새로운 붉은색을 창조하였습니다. 이 시기의 예술가들은 레드 컬러를 통해 사랑, 열정, 그리고 인간의 복잡한 감정을 표현하며, 이는 그들의 작품에 강력한 시각적 임팩트를 주었습니다. 르네상스의 대표적인 작품들에서는 레드 컬러가 인물의 감정 상태를 드러내는 중요한 요소로 작용했습니다.

현대에 들어서면서 레드 컬러는 정치적 상징으로도 사용되었습니다. 프랑스 혁명 시기, 급진파들은 붉은 깃발을 사용하여 저항의 상징으로 삼았습니다. 이 시기부터 붉은 깃발은 자유와 혁명을 상징하게 되었으며, 이는 이후 여러 사회 운동에서도 반복적으로 나타났습니다. 레드는 저항과 변화를 상징하는 색으로 자리 잡으며, 현대사회에서 중요한 의미를 지니게 되었습니다. 예를 들어, 20세기와 21세기 초의 여러 혁명과 사회 운동에서 레드 컬러는 단결과 저항의 상징으로 사용되었습니다.

레드는 단순한 색이 아니라, 여러 가지 색조로 나뉘며, 카르마인, 루비, 매더 등 다양한 이름을 가지고 있습니다. 이러한 색조는 역사적으로 특정한 의미를 지니고 있으며, 예술가와 디자이너들에게 중요한 요소로 작용합니다. 예를 들어, 중국에서는 레드가 행운과 번영을 상징하며, 결혼식과 같은 중요한 행사에서 자주 사용됩니다. 이처럼 레드는 다양한 문화에서 중요한 의미를 지니며, 사랑, 열정, 그리고 위험을 상징하는 색으로 널리 알려져 있습니다.

🌼 오렌지의 역사

오렌지색은 자연에서 오렌지 과일에서 유래된 색으로, 그 생동감 넘치는 색조는 인류 역사와 문화 속에서 다양한 의미와 상징을 지니고 있습니다. 고대 이집트와 그리스에서는 오렌지색이 자연의 색으로 인식되었으며, 이는 주로 과일과 식물에서 발견되었습니다. 그러나 중세 유럽에 들어서면서 오렌지색은 더욱 특별한 의미를 지니게 되었습니다. 특히 네덜란드에서는 스페인 지배하에 있을 때, 오렌지색이 반란의 상징으로 사용되었습니다. 이는 오렌지색이 왕가의 색으로 여겨졌기 때문이며, 네덜란드의 왕가인 오렌지 왕가의 이름에서 유래한 것입니다. 이 시기에 오렌지색은 저항과 자유의 상징으로 자리 잡게 되었고, 이는 이후 유럽의 여러 사회 운동에서도 반복적으로 나타났습니다.

르네상스 시대에 들어서면서 오렌지색은 예술가들에 의해 더욱 활발히 사용되기 시작했습니다. 이 시기에는 새로운 색소가 개발되었고, 화가들은 이러한 색소를 활용하여 그들의 작품에 생동감을 더했습니다. 오렌지색은 따뜻함과 에너지를 전달하는 색으로, 많은 화가들이 이를 통해 감정과 분위기를 표현했습니다. 예를 들어, 이탈리아의 화가들은 오렌지색을 사용하여 햇빛의 따뜻함과 자연의 아름다움을 표현하였고, 이는 르네상스 미술의 중요한 요소로 자리 잡았습니다. 또한, 오렌지색은 인물의 감정 상태를 드러내는 데 사용되어 관객에게 강한 시각적 임팩트를 주었습니다.

19세기에는 카드뮴 오렌지와 같은 화학적 색소가 개발되어 예술가들이 더 밝고 선명한 색상을 사용할 수 있게 되었습니다. 이로 인해 오렌지색은 대중문화에서도 널리 사용되기 시작했습니다. 이 시기에 오렌지색은 패션과 인테리어 디자인에서 인기를 끌며, 사람들의 일상생활 속에 깊숙이 자리 잡게 되었습니다. 오렌지색은 활력과 창의성을 상징하는 색으로 여겨졌으며, 이는 다양한 분야에서 긍정적인 이미지를 전달하는 데 기여했습니다.

현대에 들어서면서 오렌지색은 더욱 다양한 의미를 지니게 되었습니다. 많은 브랜드와 기업들이 오렌지색을 사용하여 젊고 역동적인 이미지를 전달하고 있습니다. 이는 오렌지색이 활력과 창의성을 상징하기 때문이며, 소비자들에게 긍정적인 감정을 불러일으키는 데 효과적입니다. 또한, 오렌지색은 사회적 운동에서도 중요한 역할을 하고 있습니다. 예를 들어, 환경 보호 운동에서는 오렌지색이 자주 사용되며,

이는 자연과의 조화를 강조하는 데 기여하고 있습니다. 오렌지색은 이러한 사회적 메시지를 전달하는 데 있어 강력한 도구로 작용하고 있습니다.

옐로우의 역사

옐로우 컬러는 인류 역사에서 중요한 역할을 해온 색상으로, 그 의미는 시대와 문화에 따라 다양하게 변화해 왔습니다. 고대 인류는 자연에서 채굴한 다양한 색소를 사용하여 예술과 의사소통의 수단으로 삼았습니다. 그중에서도 옐로우 오커는 인류가 최초로 사용한 안료 중 하나로, 고대에는 오피먼트라는 치명적인 노란 광물이 사용되었습니다. 이 색상은 태양과 관련된 상징으로 여겨졌으며, 고대 사람들은 노란색을 태양의 빛과 에너지를 나타내는 색으로 인식했습니다. 그리스 신화에서 태양신 헬리오스는 노란색을 상징하며, 이는 태양의 힘과 생명력을 나타내는 중요한 요소로 작용했습니다. 이러한 태양과의 연결은 고대 사회에서 옐로우 컬러가 지닌 긍정적인 의미를 더욱 강화시켰습니다.

그러나 중세에 들어서면서 옐로우 컬러의 의미는 변화하기 시작했습니다. 이 시기에는 노란색이 종종 배신과 부정의 상징으로 여겨졌습니다. 이는 특정 사회적 맥락에서 노란색이 사용된 의복이나 장식이 부정적인 의미를 가졌기 때문입니다. 예를 들어, 중세 유럽에서는 배신자나 범죄자를 상징하는 색으로 사용되기도 했습니다. 이러한 변화는 색상이 단순한 미적 요소를 넘어 사회적, 정치적 맥락에서 어떻게 해석될 수 있는지를 보여줍니다.

르네상스 시대에 들어서면서 옐로우는 다시금 예술에서 중요한 색상으로 자리 잡았습니다. 이 시기 화가들은 옐로우를 사용하여 빛과 그림자를 표현하고, 감정과 분위기를 전달하는 데 활용했습니다. 옐로우는 그 자체로도 강렬한 시각적 효과를 발휘하며, 관객에게 깊은 인상을 남기는 색상으로 자리매김했습니다. 이처럼 옐로우는 예술적 표현의 중요한 요소로 기능하며, 인간의 감정과 경험을 전달하는 데 기여했습니다.

현대에 들어서 옐로우는 주로 행복, 에너지, 경고의 상징으로 사용됩니다. 교통 표지판에서 경고의 색으로 널리 사용되는 것처럼, 옐로우는 사람들에게 주의를 환기시키는 역할을 합니다. 또한, 민주주의와 자유의 상징으로도 여겨지며, 필리핀의 민주화 운동에서 중요한 역할을 했습니다. 이러한 맥락에서 옐로우는 단순한 색상을 넘어 사회적 변화와 인식의 상징으로 자리 잡았습니다.

옐로우는 긍정적인 감정을 유발하고, 주의력을 높이는 효과가 있습니다. 이는 사람들에게 에너지를 주고, 창의성을 자극하는 색상으로 알려져 있습니다. 많은 사람들은 옐로우를 통해 희망과 긍정적인 에너지를 느끼며, 이는 일상생활에서도 중요한 역할을 합니다. 예를 들어, 옐로우가 사용된 공간은 종종 밝고 활기찬 분위기를 조성하여 사람들의 기분을 좋게 만듭니다.

🌼 그린의 역사

그린 컬러는 인류 역사에서 중요한 역할을 해온 색상으로, 그 의미와 상징은 시대와 문화에 따라 다양하게 변화해 왔습니다. 이 색상은 고대 이집트에서 처음 사용되었으며, 그 이후로도 여러 문화에서 생명, 재생, 부, 긍정적인 감정을 상징하는 중요한 요소로 자리 잡았습니다.

고대 이집트에서 그린 컬러는 공작석(Malachite)에서 추출한 녹색 염료로 만들어졌습니다. 이집트인들은 이 색상을 오시리스 신을 그릴 때 사용하였으며, 오시리스는 생명과 재생의 신으로 여겨졌습니다. 따라서 그린 컬러는 생명력과 재생의 상징으로 자리 잡았고, 이는 고대 이집트 사회에서 매우 중요한 의미를 지니고 있었습니다. 이처럼 그린 컬러는 단순한 색상을 넘어, 신화와 종교적 상징으로서의 역할을 수행하며, 사람들의 삶에 깊은 영향을 미쳤습니다.

중세시대에 들어서면서 그린 컬러는 긍정적인 상징으로 자리 잡았습니다. 이 시기에는 그린 컬러가 행운과 사랑과 연관되었으며, 특히 혼기에 있는 젊은 여성들이 그린 색상의 옷을 입는 것이 일반적이었습니다. 이러한 경향은 그린 컬러가 젊음과 생명력, 그리고 희망을 상징하는 색으로 인식되었음을 보여줍니다. 중세 사회에서 그린 컬러는 결혼과 새로운 시작을 상징하는 중요한 색상으로 자리 잡았으며, 이는 사람들의 감정과 사회적 관습에 깊이 뿌리내렸습니다.

후기 고전주의 시대와 초기 현대 유럽에서는 그린 컬러가 부와 상인, 은행가, 상류층과 연관된 색으로 여겨졌습니다. 이 시기에는 레드(Red) 색상이 귀족들을 위해 남겨져 있었고, 그린 컬러는 보다 일반적인 부유층의 상징으로 자리 잡았습니다. 이러한 변화는 색상이 사회적 지위와 경제적 상황을 반영하는 중요한 요소로 작용했음을 보여줍니다. 그린 컬러는 부유한 상인과 은행가들이 선호하는 색상으로, 그들의 성공과 번영을 상징하는 역할을 하였습니다.

현대에 들어서면서 그린 컬러는 환경과 지속 가능성을 상징하는 색으로도 인식되고 있습니다. 오늘날 사람들은 그린 컬러를 자연과의 조화, 생명력, 그리고 재생 가능성을 나타내는 중요한 색으로 받아들이고 있습니다. 이는 환경 보호와 지속 가능한 발전에 대한 관심이 높아짐에 따라 더욱 강조되고 있습니다. 그린 컬러는 자연의 아름다움과 생명력을 상징하며, 현대사회에서 환경 문제에 대한 인식을 높이는데 기여하고 있습니다.

결론적으로, 그린 컬러는 단순한 색상을 넘어 인류의 역사와 문화 속에서 다양한 의미와 상징을 지니고 있습니다. 고대 이집트의 신화적 상징에서부터 중세의 사랑과 희망, 그리고 현대의 환경 의식에 이르기까지, 그린 컬러는 시대를 초월하여 사람들의 삶에 깊은 영향을 미치고 있습니다. 이러한 변화는 그린 컬러가 단순한 시각적 요소가 아니라, 인간의 감정과 사회적 가치관을 반영하는 중요한 요소임을 보여줍니다.

블루의 역사

블루 컬러의 역사는 인류의 문화와 사회적 변화와 깊은 연관을 맺고 있으며, 이 색은 단순한 시각적 요소를 넘어 다양한 의미와 상징을 지니고 있습니다. 블루 컬러는 고대 이집트에서 그 기원을 찾을 수 있습니다. 이집트인들은 청색을 신성한 색으로 여겼으며, 이를 표현하기 위해 청색 유약을 사용했습니다. 이 색은 신과의 연결을 상징하며, 고대 이집트의 예술과 건축에서 중요한 역할을 했습니다. 이집트의 피라미드와 사원에서 발견되는 청색 장식은 신성함과 권위를 나타내는 중요한 요소로 작용했습니다. 이러한 초기 사용은 블루 컬러가 신성함과 권위를 지닌 색으로 자리 잡는 데 기여했습니다.

그러나 블루 컬러의 의미는 시대와 문화에 따라 변화해 왔습니다. 로마 시대에는 파란색이 '죽음의 색'으로 간주되었고, 그리스인들은 이 색을 '없는 색'으로 취급했습니다. 이는 당시 사회에서 블루 컬러가 낮은 지위를 가졌음을 나타내며, 색깔이 사회적 지위와 어떻게 연결될 수 있는지를 보여줍니다. 이러한 관점은 블루 컬러가 단순한 색 이상의 의미를 지니고 있음을 시사합니다. 예를 들어, 고대 그리스의 예술 작품에서 블루 컬러는 종종 배경색으로 사용되었으며, 이는 그들이 이 색을 중요하게 여기지 않았음을 반영합니다.

중세시대에 들어서면서 블루 컬러는 성모 마리아의 색으로 자리 잡게 되었습니다. 이로 인해 블루 컬러는 신성함과 고귀함을 상징하게 되었고, 예술 작품에서 자주 사용되었습니다. 특히, 중세의 성당과 교회에서 블루 컬러는 신성한 공간을 표현하는 데 중요한 역할을 했습니다. 성당의 스테인드글라스 창문에서 블루 컬러는 하늘과 신의 영역을 나타내는 색으로 사용되었으며, 이러한 변화는 블루 컬러가 어떻게 사회적, 종교적 맥락에서 의미를 부여받는지를 잘 보여줍니다.

르네상스 시대에는 블루 컬러가 예술에서 더욱 중요한 역할을 하게 되었습니다. 이 시기에 블루 컬러는 부유함과 권력을 상징하게 되었고, 많은 예술가들이 이 색을 사용하여 그들의 작품에 깊이를 더했습니다. 특히, 이 시기의 화가들은 블루 컬러를 사용하여 인물의 감정을 표현하고, 작품에 생동감을 불어넣었습니다. 블루 컬러는 단순한 색이 아니라, 예술가의 감정과 메시지를 전달하는 중요한 도구로 자리 잡았습니다. 이 시기의 예술 작품들은 블루 컬러가 어떻게 인간의 감정을 표현하는 데 기여했는지를 잘 보여줍니다.

19세기 산업 혁명 이후, 블루 컬러는 대중문화에서 널리 사용되기 시작했습니다. 특히, 청바지와 같은 의류에서 블루 컬러가 인기를 끌면서, 이 색은 대중의 일상생활에 깊숙이 스며들게 되었습니다. 블루 컬러는 이제 단순한 색이 아니라, 현대인의 삶과 문화의 상징으로 자리 잡았습니다. 이러한 변화는 블루 컬러가 어떻게 사회적 변화와 함께 진화해 왔는지를 보여줍니다. 대중문화에서 블루 컬러는 자유롭고 편안한 이미지를 전달하며, 이는 현대사회에서 블루 컬러가 널리 사랑받는 이유 중 하나입니다.

현대 심리학에서는 블루 컬러가 안정감과 신뢰를 상징한다고 여겨집니다. 이는 기업 로고와 디자인에서 자주 사용되는 이유 중 하나입니다. 블루 컬러는 소비자에게 긍정적인 감정을 불러일으키며, 브랜드의 신뢰성을 높이는데 기여합니다. 이러한 심리적 효과는 블루 컬러가 현대사회에서 중요한 역할을 하고 있음을 나타냅니다. 많은 기업들이

블루 컬러를 사용하여 고객과의 신뢰를 구축하고, 안정적인 이미지를 전달하려고 노력합니다.

또한, 블루 컬러는 낭만주의와 현대 예술에서도 중요한 역할을 하며, 많은 작가와 예술가들이 이 색을 통해 감정을 표현했습니다. 블루 컬러는 슬픔, 고독, 그리고 깊은 사색을 상징하기도 하며, 이러한 감정은 예술 작품에서 자주 다루어집니다. 예를 들어, 빈센트 반 고흐의 작품에서 블루 컬러는 고독과 우울을 표현하는 데 사용되었으며, 이는 블루 컬러가 단순한 색 이상의 의미를 지니고 있음을 보여줍니다. 예술가들에게 블루 컬러는 감정을 전달하는 강력한 도구로 작용하며, 그들의 창작 과정에서 중요한 역할을 합니다.

사회적 변화와 함께 블루 컬러의 의미는 변모해 왔습니다. 예를 들어, 프랑스 혁명 시기에 블루 컬러는 자유와 평등의 상징으로 여겨졌습니다. 이러한 변화는 블루 컬러가 어떻게 정치적, 사회적 맥락에서 의미를 부여받는지를 잘 보여줍니다. 블루 컬러는 단순한 색이 아니라, 인류의 역사와 함께 발전해 온 복합적인 상징체로 자리 잡았습니다. 이처럼 블루 컬러는 시대와 문화에 따라 다양한 의미를 지니며, 인류의 감정과 사회적 맥락을 반영하는 중요한 요소로 자리매김하고 있습니다.

🌸 로얄블루의 역사

로얄블루 컬러는 역사와 문화에서 깊은 의미를 지닌 색상으로, 고귀함과 우아함을 상징하며 여러 시대와 문화에서 중요한 역할을 해왔습니다. 이 색상은 단순한 시각적 요소를 넘어 인류의 역사와 함께 발전해 온 복합적인 상징체로 자리 잡았습니다.

로얄블루의 기원은 18세기 영국으로 거슬러 올라가며, 샬럿 왕비(Queen Charlotte)의 드레스를 만들기 위한 경연에서 창조된 것으로 알려져 있습니다. 처음에는 킹스 블루(King's Blue)라는 이름으로 불렸고, 이는 왕실의 권위와 고귀함을 반영하는 색상이었습니다. 로얄블루는 당시 패션과 문화에서 중요한 위치를 차지하게 되었고, 이후로도 고급스러움과 세련됨을 상징하는 색으로 자리 잡았습니다.

이 색상은 고대부터 사용된 염료로, 인도에서 유래된 것으로 알려져 있습니다. 이 염료는 청색을 내는 데 사용되었으며, 특히 직물 염색에 널리 활용되었습니다. 로얄블루는 그 깊고 풍부한 색상 덕분에 고대 문명에서부터 귀중한 자원으로 여겨졌습니다. 유럽에서는 16세기부터 사용되기 시작했으며, 특히 프랑스와 영국에서 인기를 끌었습니다. 이 색상은 당시의 패션과 예술에서 중요한 요소로 자리 잡았고, 많은 예술가들이 로얄블루를 사용하여 그들의 작품에 깊이를 더했습니다.

18세기 초, 독일의 화학자 디스바흐가 새로운 파란색 안료인 프러시안 블루를 발견하면서 로얄블루와 함께 사용되기 시작했습니다. 프러시안 블루는 로얄블루보다 더 진하고 선명한 색상을 제공하여 많은 예술가와 제조업체들이 선호하게 되었습니다. 이 시기에 로얄블루는 예술과 패션에서 더욱 두드러진 존재감을 발휘하게 되었습니다.

현재 로얄블루는 패션, 인테리어 디자인, 그래픽 디자인 등 다양한 분야에서 널리 사용되고 있습니다. 이 색상은 고급스러움과 세련됨을 상징하며, 많은 브랜드에서 로고와 제품 디자인에 활용되고 있습니다. 로얄블루는 소비자에게 긍정적인 감정을 불러일으키며, 브랜드의 신뢰성을 높이는데 기여합니다. 이러한 이유로 로얄블루는 현대사회에서 중요한 색상으로 자리 잡았습니다.

로얄블루는 종종 권위와 신뢰를 상징하는 색상으로 여겨지며, 정치적 및 사회적 행사에서도 자주 사용됩니다. 이 색상은 공식적인 행사나 중요한 발표에서 자주 등장하며, 이는 로얄블루가 지닌 고귀함과 권위의 상징성을 반영합니다. 정치인들이나 공공 인물들이 로얄블루를 선택하는 이유는 이 색상이 전달하는 메시지와 이미지가 강력하기 때문입니다.

로얄블루의 문화적 의미는 시대와 장소에 따라 다르게 해석될 수 있지만, 그 본질적인 특성은 변하지 않았습니다. 이 색상은 여전히 고귀함과 우아함을 상징하며, 사람들에게 긍정적인 감정을 불러일으키는 역할을 하고 있습니다.

🌸 바이올렛의 역사

바이올렛 컬러는 역사적으로 특별한 의미를 지닌 색상으로, 고대부터 현대에 이르기까지 다양한 문화와 예술에서 중요한 역할을 해왔습니다. 이 색상은 단순한 색 이상의 의미를 지니며, 귀족, 종교, 예술, 그리고 현대 패션과 디자인 등 여러 요소가 얽혀 있습니다.

고대 로마와 그리스에서 바이올렛은 귀족과 왕족의 상징으로 여겨졌습니다. 이 색을 얻기 위해 사용된 자주색 염료는 매우 비쌌고, 특히 뿔소라에서 추출한 염료는 그 희소성으로 인해 왕족만이 사용할 수 있었습니다. 이러한 이유로 바이올렛은 권력과 부의 상징으로 자리 잡았으며, 고대 사회에서 이 색을 착용하는 것은 사회적 지위를 나타내는 중요한 요소가 되었습니다. 귀족들은 이 색상을 통해 자신의 신분을 과시하고, 그들의 권력을 더욱 강조했습니다.

중세 유럽에서는 바이올렛이 종교적 상징으로도 사용되었습니다. 성직자들이 이 색을 착용함으로써 신성함을 나타냈고, 이는 신과의 연결을 상징하는 중요한 요소로 작용했습니다. 바이올렛은 고백과 회개의 색으로 여겨지기도 하였으며, 교회에서의 의식과 예배에서 중요한 역할을 했습니다. 이러한 종교적 의미는 바이올렛이 단순한 색상을 넘어 신성한 가치와 깊은 연관이 있음을 보여줍니다.

르네상스 시대에는 예술가들이 바이올렛을 사용하여 신비로운 분위기를 연출했습니다. 이 시기에는 예술이 인간의 감정과 경험을 표현하는 중요한 수단으로 자리 잡았고, 바이올렛은 이러한 표현을 더욱 풍부하게 만들어 주었습니다. 클로드 모네와 빈센트 반 고흐와 같은 유명한 화가들은 이 색을 사용하여 그들의 작품에 깊이를 더하고, 관객에게 강렬한 감정을 전달했습니다. 바이올렛은 그 자체로도 강력한 시각적 효과를 발휘하며, 예술 작품에서 중요한 역할을 하였습니다.

19세기 중반, 화학 염료의 발명으로 바이올렛 색상이 대중화되었습니다. 특히 '모브(Mauve)'라는 색상이 인기를 끌었고, 이는 1856년 윌리엄 퍼킨이 발견한 화학 염료에서 유래되었습니다. 이 시기는 '모브 시대'로 불리며, 패션과 인테리어 디자인에서 큰 영향을 미쳤습니다. 바이올렛은 이제 더 이상 귀족이나 성직자만의 색상이 아니라, 일반 대중에게도 사랑받는 색상으로 자리 잡았습니다. 이는 색상의 민주화를 의미하며, 다양한 계층의 사람들이 이 색을 통해 자신을 표현할 수 있는 기회를 제공했습니다.

오늘날 바이올렛은 다양한 분야에서 사용되며, 특히 패션, 인테리어 그리고 브랜드 아이덴티티에서 중요한 역할을 합니다. 이 색상은 창의성과 독창성을 상징하기도 하며, 많은 디자이너와 아티스트들이 바이올렛을 통해 그들의 개성을 표현하고 있습니다. 또한, 바이올렛은 현대사회에서 신비로움과 유혹을 상징하는 색으로 여겨지며, 이는 소비자들에게 강한 매력을 발산합니다.

🌸 마젠타의 역사

마젠타 컬러는 독특한 역사와 기원을 지니고 있으며, 19세기 중반에 처음 합성된 이후로 다양한 분야에서 널리 활용되고 있습니다. 이 색상은 1859년 프랑수아 에마누엘 베르긴이라는 화학자에 의해 처음으로 개발되었으며, 그는 이를 직물, 염료, 그리고 인쇄 잉크에 사용하기 위해 연구하였습니다. 베르긴의 발견은 산업 혁명과 함께 발전하던 화학 산업의 중요한 이정표가 되었고, 색상의 합성에 대한 새로운 가능성을 열어주었습니다. 이러한 기초는 마젠타가 다양한 분야에서 활용되는 기반이 되었습니다.

마젠타라는 이름은 이탈리아의 마젠타(Magenta)라는 도시에서 유래하였으며, 이 도시는 1859년 이탈리아 전쟁 중 중요한 전투가 있었던 장소입니다. 이 색상이 대중에게 처음 알려지게 된 배경은 전투의 승리를 기념하기 위한 것이었으며, 이는 마젠타가 단순한 색상이 아닌 역사적 사건과 깊은 연관이 있음을 나타냅니다. 이러한 역사적 맥락은 마젠타에 상징적인 가치를 부여하였습니다.

마젠타는 원래 자연에서 추출된 염료인 '코치닐'과 '마젠타'를 기반으로 하고 있습니다. 이 염료들은 식물과 곤충에서 유래하여 색상의 깊이와 선명함을 제공합니다. 특히, 코치닐은 고대부터 사용된 염료로, 그 화려한 색상 덕분에 귀족과 부유한 계층에서 선호되었습니다. 마젠타의 합성은 이러한 자연 염료의 특성을 현대 과학이 재현한 결과로, 자연과 과학의 조화로운 결합을 보여줍니다.

인쇄 산업에서 마젠타는 중요한 색상으로 자리 잡았습니다. CMYK 색상 모델에서 'M'으로 표시되며, 이는 인쇄물에서 색상을 혼합하는 데 필수적인 역할을 합니다. CMYK 모델은 색상을 Cyan(청색), Magenta(마젠타), Yellow(노란색), Key(검정색)로 나누어 표현하는 방식으로, 마젠타는 이 모델에서 색상의 깊이와 다양성을 더하는 중요한 요소로 작용합니다. 이러한 역할 덕분에 마젠타는 인쇄 산업의 발전과 함께 성장하였으며, 현대 인쇄물에서 필수적인 색상으로 자리 잡았습니다.

마젠타는 패션과 예술에서도 인기를 끌고 있으며, 강렬하고 눈에 띄는 색상으로 다양한 디자인에 활용됩니다. 이 색상은 대담하고 혁신적인 느낌을 주어, 많은 디자이너들이 마젠타를 통해 그들의 창의성을 표현하고 있습니다. 예술가들은 마젠타를 사용하여 강렬한 감정을 전달하고, 관객의 시선을 사로잡는 작품을 만들어내고 있습니다. 이러한 특성 덕분에 마젠타는 현대 디자인에서 중요한 색상으로 자리 잡았습니다.

오늘날 마젠타는 디지털 디자인에서도 널리 사용되며, 다양한 소프트웨어와 플랫폼에서 색상 선택의 중요한 요소로 자리 잡고 있습니다. 팬톤은 마젠타를 자연이 만든 색상으로 강조하며, 현대 디자인에서의 중요성을 부각시키고 있습니다. 디지털 환경에서 마젠타는 브랜드 아이덴티티와 시각적 커뮤니케이션에서 강력한 도구로 작용하며, 소비자들에게 강한 인상을 남기는 색상으로 자리매김하고 있습니다.

🌸 핑크의 역사

17세기 후반, 핑크색이라는 용어가 처음 등장하면서 이 색상은 귀족과 왕족의 의복에서 중요한 역할을 하게 되었습니다. 특히 바로크 시대에는 왕자들이 핑크색 옷을 입는 것이 일반적이었으며, 이는 권력과 부의 상징으로 여겨졌습니다. 핑크색은 그 당시 사회에서 귀족적이고 세련된 이미지를 전달하는 데 기여했습니다. 이러한 배경 속에서 핑크색은 단순한 색상을 넘어, 사회적 지위와 정체성을 나타내는 중요한 요소로 자리 잡았습니다.

가톨릭 사제의 의복에서도 핑크색은 특별한 의미를 지니고 있었습니다. 사순절 동안 가톨릭 사제들은 핑크색 천으로 만든 제례복을 착용하기도 했습니다. 이는 회개와 희망의 상징으로, 신자들에게 긍정적인 메시지를 전달하는 역할을 했습니다. 이러한 종교적 맥락에서 핑크색은 단순한 색상이 아닌, 신앙과 관련된 깊은 의미를 지닌 색으로 인식되었습니다.

시간이 지나면서 핑크색은 여성성과 어린아이의 상징으로 자리 잡기 시작했습니다. 마케팅과 광고의 발전에 힘입어 핑크색은 여성과 어린이를 위한 색상으로 인식되었고, 이는 사회적 고정관념을 형성하는 데 기여했습니다. 핑크색은 부드러움과 감수성을 상징하며, 특히 여성의 정체성과 관련된 색으로 널리 사용되었습니다. 이러한 경향은 핑크색이 단순한 색상 이상의 의미를 지니게 만들었습니다.

1960-70년대에 들어서면서 핑크색은 대중문화의 상징으로 변모했습니다. 마릴린 먼로와 앤디 워홀 같은 유명 인사들이 핑크색을 개성을 표현하는 수단으로 사용하면서, 핑크는 단순한 색상을 넘어 개성을 나타내는 색으로 자리 잡았습니다. 이 시기에 핑크색은 자유와 반항의 상징으로 여겨지며, 젊은 세대에게는 새로운 정체성을 찾는 중요한 요

소가 되었습니다. 핑크색은 이제 더 이상 귀족적이거나 여성적인 색상에 국한되지 않고, 다양한 사회적 맥락에서 개성과 혁신을 상징하는 색으로 재정의 되었습니다.

현대에 이르러 핑크색은 부드러움, 혁신, 변화 등을 상징하는 색으로 재조명되고 있습니다. 레트로 열풍과 함께 핑크색은 힙한 색상으로도 인식되며, 다양한 문화적 배경에서 긍정적인 감정을 불러일으키고 있습니다. 핑크색은 매력, 감수성, 부드러움, 로맨스와 관련된 색상으로 여겨지며, 이는 문화적 배경에 따라 다르게 해석될 수 있습니다. 예를 들어, 핑크와 흰색의 조합은 순결과 순수함을 상징하는 반면, 핑크와 검은색의 조합은 에로티시즘과 유혹을 나타내기도 합니다.

Chapter

05

레드를 선호하는 성향

오렌지를 선호하는 성향

옐로우를 선호하는 성향

그린을 선호하는 성향

블루를 선호하는 성향

로얄블루를 선호하는 성향

바이올렛을 선호하는 성향

마젠타를 선호하는 성향

핑크를 선호하는 성향

선호하는 컬러와 컬러성향

핑크 컬러를 선호하는 사람들은 대개 부드럽고 친절한 성향을 지니고 있습니다. 핑크는 사랑, 연민, 그리고 친밀감을 나타내는 색상으로 이 색을 좋아하는 사람들은 자연스럽게 이러한 감정을 주변 사람들에게 전달하려는 경향이 있습니다.

선호하는 컬러에 따른 성향 분석은 개인의 성격, 감정, 그리고 행동양식을 이해하는 데 중요한 도구로 활용됩니다. 색상은 단순한 시각적 요소를 넘어, 인간의 감정과 인지에 깊은 영향을 미치는 요소로 작용합니다. 각 색상은 특정한 심리적 의미를 지니고 있으며, 개인이 선호하는 색상은 그들의 내면세계와 성향을 반영하는 중요한 지표가 될 수 있습니다.

이 책에서는 선호하는 컬러와 컬러성향, 끌리는 컬러와 컬러심리로 구분되어 있지만, 실제 컬러심리상담 시 컬러성향과 컬러심리는 유동적으로 의미가 다루어지는 경향이 있습니다. 선호하는 컬러는 약 5년 이상 지속적으로 좋아하는 컬러, 끌리는 컬러는 그보다는 짧은 기간 동안 좋아했었던 컬러를 떠올리면서 읽어보시면 도움이 될 것 같습니다.

♡ 레드를 선호하는 성향

레드를 선호하는 사람들은 강한 열정을 지니고 있습니다. 이들은 자신이 좋아하는 일이나 목표에 대해 깊은 애정을 느끼며, 이를 위해 끊임없이 노력하는 경향이 있습니다. 이러한 열정은 그들의 삶의 여러 측면에서 드러나며, 특히 직업적 목표나 개인적인 취미에 대한 헌신에서 잘 나타납니다. 이들은 자신이 좋아하는 일을 할 때, 마치 세상의 모든 에너지를 쏟아붓는 듯한 모습을 보이며, 주변 사람들에게도 그 열정이 전파되어 긍정적인 분위기를 만들어냅니다.

또한, 레드를 선호하는 사람들은 새로운 도전을 두려워하지 않는 성향을 가지고 있습니다. 이들은 어려운 상황에서도 자신을 시험하고, 새로운 경험을 통해 성장하려는 의지를 가지고 있습니다. 도전적인 환경에서 더욱 빛나는 모습을 보여주는 이들은, 자신의 한계를 극복하는 데 큰 기쁨을 느끼며, 이러한 경험이 자신을 더욱 강하게 만든다고 믿습니다. 이들은 실패를 두려워하기보다는, 실패를 통해 배우고 성장하는 기회로 삼는 경향이 있습니다.

현실적인 사고방식을 지닌 이들은 상황을 현실에 기반하여 분석하고, 실질적인 해결책을 찾는 데 능숙합니다. 꿈과 목표를 설정할 때, 이를 실현하기 위한 구체적인 계획을 세우는 것을 중요하게 여깁니다. 레드를 좋아하는 사람들은 이상적인 목표를 설정하더라도, 이를 달성하기 위한 현실적인 접근 방식을 중시합니다. 이들은 문제를 해결할 때 감정이나 이상보다는 실질적인 결과를 우선시하며, 이러한 현실적인 사고는 그들이 목표를 달성하는 데 있어 매우 중요한 요소로 작용하며, 불필요한 낭비를 줄이고 효율적으로 행동할 수 있게 합니다.

레드를 선호하는 사람들은 즉각적인 행동력을 가지고 있습니다. 이들은 생각만 하지 않고, 실제로 행동에 옮기는 것을 중요시합니다. 기회를 포착하고, 필요한 순간에 신속하게 움직여 목표를 달성하려고 하며, 이러한 행동력은 그들의 성공에 큰 기여를 합니다. 이들은 종종 '지금'이라는 순간을 소중히 여기며, 미루지 않고 즉시 행동에 나서는 경향이 있습니다. 이러한 성향은 그들이 원하는 것을 빠르게 이룰 수 있도록 도와줍니다.

레드를 좋아하는 사람들은 목표를 향해 나아가는 데 필요한 동기를 스스로 부여합니다. 자신의 열망을 실현하기 위해 끊임없이 노력하며, 이를 통해 성취감을 느끼는 것을 중요하게 생각합니다. 그들의 의욕은 주변 사람들에게도 긍정적인 영향을 미치며, 이들은 종종 다른 사람들에게도 영감을 주는 존재가 됩니다.

용감한 성향을 지닌 이들은 두려움이나 불안감을 극복하고, 자신이 원하는 것을 쟁취하기 위해 용기를 내어 행동합니다. 그들의 용기는 주변 사람들에게도 긍정적인 영향을 미치며, 함께하는 이들에게도 용기를 주는 존재가 됩니다. 이들은 종종 어려운 상황에서도 집중력을 발휘하여, 문제를 해결하기 위한 최선의 방법을 찾는 데 몰두합니다. 이러한 용기는 그들이 직면하는 다양한 도전과 위기를 극복하는 데 큰 도움이 됩니다.

변화에 잘 적응하는 능력을 가진 이들은 새로운 환경이나 상황에 빠르게 적응하며, 이를 통해 다양한 경험을 쌓고 성장합니다. 유연한 사고방식을 통해 어려운 상황에서도 최선의 결과를 이끌어내는 데 능숙합니다. 이들은 변화가 불가피하다는 것을 이해하고, 이를 긍정적으로 받아들이며, 변화 속에서 새로운 기회를 찾는 데 능합니다. 이러한 적응력은 그들이 다양한 상황에서 성공적으로 대처할 수 있도록 도와줍니다.

마지막으로, 레드를 선호하는 사람들은 강한 생존력을 지니고 있습니다. 어려운 상황에서도 포기하지 않고, 문제를 해결하기 위해 끊임없이 노력합니다. 그들의 생존력은 위기 상황에서도 자신을 지키고, 원하는 목표를 향해 나아가는 데 큰 힘이 됩니다. 이들은 종종 어려운 상황에서 더욱 강한 의지를 발휘하며, 이를 통해 자신뿐만 아니라 주변 사람들에게도 긍정적인 영향을 미칩니다.

♡ 오렌지를 선호하는 성향

오렌지를 좋아하는 사람들은 대인 관계에서 유연함과 뛰어난 센스를 발휘하는 경향이 있습니다. 이들은 사람들과의 소통에서 자연스럽고 편안한 태도를 유지하며, 상대방의 감정과 필요를 잘 이해하는 능력을 지니고 있습니다. 이러한 특성 덕분에 이들은 다양한 상황에서 적절한 반응을 보이며, 상대방과의 관계를 더욱 원활하게 만들어 나갑니다.

오렌지를 선호하는 사람들은 대화를 나누는 과정에서 상대방의 비언어적 신호를 잘 포착하고, 그에 맞춰 자신의 표현 방식을 조정하는 데 능숙합니다. 또한, 이들은 대화 중에 유머를 적절히 활용하여 분위기를 부드럽게 만들고, 상대방이 편안함을 느낄 수 있도록 돕습니다.

이러한 유연함은 오렌지를 좋아하는 사람들의 긍정적인 사고방식과도 연결되어 있습니다. 이들은 어려운 상황에서도 긍정적인 시각을 유지하며, 갈등이나 오해가 발생했을 때도 이를 해결하기 위한 열린 마음과 태도를 가지고 있습니다. 이들은 상대방의 입장을 고려하며, 문제를 함께 해결해 나가려는 노력을 기울입니다.

이와 함께, 오렌지 컬러를 좋아하는 사람들은 지혜로운 성향을 가지고 있습니다. 이들은 다양한 경험을 통해 얻은 교훈을 소중히 여기며, 이를 바탕으로 문제를 해결하는 능력이 뛰어납니다. 어려운 상황에서도 지나치게 심각해지지 않으며, 과거의 경험을 통해 더 나은 결정을 내리려는 노력을 기울입니다. 이들은 지혜를 통해 자신뿐만 아니라 주변 사람들에게도 긍정적인 영향을 미치며, 조언을 통해 타인을 돕는데 기꺼이 나섭니다.

또한, 이들은 낙천적인 성향을 지니고 있습니다. 오렌지 컬러를 좋아하는 사람들은 긍정적인 사고방식을 가지고 있으며, 어려운 상황에서도 희망을 잃지 않고 최선을 다하려는 태도를 보입니다. 이들은 미래에 대한 긍정적인 기대감을 가지고 있으며, 이를 통해 주변 사람들에게도 긍정적인 영향을 미칩니다. 그들의 낙관적인 태도는 종종 다른 사람들에게도 용기를 주고, 힘든 시기를 극복하는 데 도움을 줍니다.

사교성 또한 이들의 중요한 특성 중 하나입니다. 오렌지 컬러를 선호하는 사람들은 사람들과의 교류를 즐기며, 새로운 친구를 사귀는 데 능숙합니다. 이들은 다양한 사람들과의 소통을 통해 자신의 생각과 감정을 나누고, 서로의 경험을 공유하는 것을 중요하게 여깁니다. 그들은 대화를 통해 사람들과의 유대감을 형성하고, 이를 통해 더욱 풍부한 사회적 경험을 쌓아갑니다.

이들은 또한 활력이 넘치는 성격을 가지고 있습니다. 오렌지 컬러를 좋아하는 사람들은 에너지가 넘치며, 활동적인 라이프스타일을 추구합니다. 이들은 운동이나 야외 활동을 즐기며, 이를 통해 신체적, 정신적 활력을 유지하려고 합니다. 그들의 활력은 주변 사람들에게도 전파되어, 함께하는 이들에게 긍정적인 에너지를 불어넣습니다.

창의성 또한 이들의 중요한 특성입니다. 오렌지 컬러를 선호하는 사람들은 창의적인 사고를 통해 새로운 아이디어를 만들어내는 데 능숙합니다. 이들은 예술, 디자인, 그리고 문제 해결에 있어 독창적인 접근 방식을 취하며, 이를 통해 자신만의 독특한 결과물을 창출합니다. 그들의 창의성은 종종 새로운 프로젝트나 활동에 대한 열정으로 이어지며, 이를 통해 자신을 표현하는 기회를 찾습니다.

마지막으로, 오렌지 컬러를 좋아하는 사람들은 경험을 중시하는 경향이 있습니다. 이들은 새로운 경험을 추구하며, 다양한 활동에 참여하는 것을 즐깁니다. 여행, 문화 행사, 그리고 다양한 취미 활동을 통해 삶의 풍요로움을 느끼고, 이를 통해 자신을 성장시키려는 노력을 기울입니다. 이들은 새로운 것을 배우고, 다양한 사람들과의 만남을 통해 자신의 시야를 넓히는 것을 중요하게 여깁니다.

♡ 옐로우를 선호하는 성향

옐로우를 선호하는 사람들은 창의적인 아이디어를 생성하는 데 뛰어난 능력을 지니고 있습니다. 이들은 새로운 관점에서 사물을 바라보며, 기존의 틀을 깨는 혁신적인 사고를 통해 문제를 해결하는 데 기여합니다. 그들의 상상력은 무한하며, 이를 통해 예술, 디자인, 과학 등 여러 분야에서 독창적인 결과물을 창출합니다. 이러한 아이디어는 팀 프로젝트나 개인적인 작업에서 새로운 방향성을 제시하는 데 중요한 역할을 합니다.

이들은 세상에 대한 호기심이 넘치는 성격을 가지고 있으며, 새로운 경험과 지식을 탐구하는 것을 즐깁니다. 다양한 주제에 대해 깊이 있는 질문을 던지는 경향이 있어, 이러한 호기심은 그들이 끊임없이 배우고 성장하는 원동력이 됩니다. 새로운 것을 발견하는 기쁨은 그들의 삶에 활력을 불어넣습니다.

상황을 분석하는 데 뛰어난 능력을 발휘하는 이들은 정보를 체계적으로 정리하고, 이를 바탕으로 합리적인 결론을 도출하는 데 능숙합니다. 이러한 분석적 사고는 복잡한 문제를 해결하는 데 큰 도움이 되며, 주변 사람들에게 신뢰를 주는 요소가 됩니다. 이들은 다양한 분야에 대한 깊은 이해를 추구하며, 새로운 지식이나 기술을 배우는 것을 즐깁니다. 이를 통해 자신의 전문성을 높이려는 노력을 아끼지 않으며, 탐구하는 과정에서 얻은 경험은 그들의 사고를 넓히고 창의적인 아이디어를 발전시키는 데 기여합니다. 새로운 취미를 시작하거나 온라인 강의를 통해 기술을 배우는 등 자기 계발에 힘쓰는 모습이 자주 보입니다.

옐로우를 선호하는 사람들은 상황에 맞는 재치 있는 반응으로 주변 사람들을 즐겁게 합니다. 어려운 상황에서도 긍정적인 분위기를 유지하며, 사람들과의 소통에서 유머를 활용하여 관계를 더욱 돈독히 합니다. 이러한 재치는 그들이 사회적 상황에서 더욱 빛나는 요소가 되며, 친구나 동료들과의 대화에서 긴장을 풀고 긍정적인 에너지를 전파하는 데 큰 역할을 합니다.

빠른 판단력과 순발력을 지닌 이들은 예상치 못한 상황에서도 즉각적으로 대응할 수 있는 능력을 가지고 있습니다. 이러한 능력은 다양한 도전과 위기를 극복하는 데 큰 도움이 되며, 주변 사람들에게 신뢰를 주는 요소가 됩니다. 이들은 상황에 맞는 최선의 선택을 신속하게 할 수 있는 능력을 통해 문제를 해결하며, 급박한 상황에서도 침착하게 대처하여 팀을 이끌거나 위기 상황에서 빠른 결정을 내려 문제를 해결하는 데 기여합니다.

마지막으로, 합리적인 사고방식을 바탕으로 결정을 내리는 데 능숙한 이들은 감정에 휘둘리지 않고, 객관적인 데이터를 바탕으로 분석하여 최선의 선택을 하려는 경향이 있습니다. 이러한 합리적인 접근은 복잡한 문제를 해결하는 데 큰 도움이 되며, 주변 사람들에게 신뢰를 주는 요소가 됩니다. 또한, 독립적인 성향을 가진 이들은 스스로의 판단에 따라 행동하는 것을 중요시하며, 자신의 의견과 생각을 존중합니다. 타인의 영향을 받기보다는 자신이 원하는 방향으로 나아가려는 경향이 있어, 이러한 독립성은 목표를 향해 나아가는 데 큰 힘이 됩니다. 이들은 종종 자신의 비전을 실현하기 위해 독립적으로 프로젝트를 추진하거나 새로운 사업을 시작하는 등 적극적인 모습을 보입니다.

💚 그린을 선호하는 성향

안정성은 그린 컬러를 선호하는 사람들의 핵심 특성 중 하나로, 이들은 일상에서의 안정감을 중시하며 예측 가능한 환경을 선호합니다. 이러한 안정성은 그들이 관계를 맺는 데 있어 신뢰를 바탕으로 하며, 서로 간의 감정적 지지를 통해 깊은 유대감을 형성합니다. 그린성향의 사람들은 갈등을 피하고 안정적인 관계를 유지하기 위해 노력하며, 이를 통해 자신과 주변 사람들에게 편안함을 제공합니다.

그린 컬러를 선호하는 이들은 인간관계를 중요하게 생각하여 깊이 있는 관계를 형성하고 서로 간의 신뢰를 쌓는 데 많은 노력을 기울입니다. 이들은 타인의 감정을 세심하게 이해하고 이를 바탕으로 관계를 발전시킵니다. 이러한 인간관계는 서로의 삶에 긍정적인 영향을 미치며 공동체의 결속력을 강화하는 데 기여합니다. 그린성향의 사람들은 친구, 가족, 동료와의 관계에서 상호 존중과 이해를 바탕으로 한 소통을 중요시합니다.

이들은 배려심이 깊은 사람들로, 상대방의 입장을 최대한 이해하려고 노력합니다. 이러한 배려는 관계의 깊이를 더하고 서로 간의 신뢰를 쌓는 데 기여합니다. 그린을 선호하는 사람들은 자신의 욕구보다 타인의 필요를 우선시하며, 이를 통해 긍정적인 사회적 상호작용을 촉진합니다. 이들은 종종 주변 사람들에게 도움의 손길을 내밀며, 작은 배려가 큰 변화를 가져올 수 있음을 잘 알고 있습니다.

균형은 그린 컬러를 선호하는 사람들에게 자주 나타나는 특성입니다. 이들은 개인의 욕구와 집단의 필요를 조화롭게 맞추려는 노력을 기울이며, 이러한 균형 잡힌 접근은 갈등을 예방하고 서로 간의 협력을 증진시키는 데 기여합니다. 그린을 선호하는 사람들은 다양한 의견을 수용하고 이를 바탕으로 공정한 결정을 내리려 하며, 갈등 상황에서도 중재자의 역할을 자주 맡아 모두가 만족할 수 있는 해결책을 찾기 위해 노력합니다.

그린을 선호하는 사람들은 평화주의자로서 갈등을 피하고 대화를 통해 문제를 해결하려는 경향이 강합니다. 이들은 평화로운 환경을 조성하기 위해 노력하며, 타인과의 협력을 통해 공동의 목표를 달성하고자 합니다. 이러한 평화주의적 태도는 사회적 갈등을 줄이고 긍정적인 상호작용을 촉진하는 데 기여합니다. 갈등이 발생했을 때, 이들은 감정을 가라앉히고 중립적으로 문제를 해결하려 하며, 이를 통해 주변 사람들에게 긍정적인 영향을 미칩니다.

그린을 선호하는 사람들은 다양한 의견과 관점을 수용하며 서로 다른 배경을 가진 사람들과의 화합을 중요시합니다. 이러한 태도는 사회적 다양성을 존중하고 포용적인 환경을 조성하는 데 기여합니다. 이들은 타인과의 차이를 인정하고 이를 통해 더 풍부한 사회적 경험을 쌓아가며, 다양한 문화와 가치관을 이해하고 존중하여 사회적 연대감을 강화하는 데 기여합니다.

화합은 그린을 선호하는 사람들의 또 다른 특성으로, 이들은 서로 다른 의견을 조화롭게 통합하려고 노력하며 공동체의 조화로운 발전을 도모합니다. 갈등 상황에서도 상대방의 입장을 이해하고 문제를 해결하기 위해 협력하는 경향이 강하며, 이러한 화합의 태도는 사회적 유대감을 강화하고 공동체 내에서의 협력과 상생을 촉진합니다.

마지막으로, 그린을 선호하는 사람들은 상대방의 이야기를 귀 기울여 듣고 그들의 감정과 생각을 이해하려고 노력합니다. 경청은 신뢰를 구축하고 깊이 있는 관계를 형성하는 데 필수적이며, 이러한 경청의 자세는 상대방에게 큰 위안과 지지를 제공하고 관계의 질을 높이는데 기여합니다.

♡ 블루를 선호하는 성향

블루 컬러를 선호하는 사람들은 대체로 높은 책임감을 지니고 있습니다. 이들은 자신의 행동과 결정에 대해 깊이 고민하며, 그 결과에 대한 책임을 다하려는 경향이 있습니다. 예를 들어, 직장에서 맡은 프로젝트를 성실히 수행하고 팀원들과의 협업에서도 자신의 역할을 충실히 이행하려고 합니다. 이러한 책임감 덕분에 이들은 신뢰받는 동료로 자리매김하며, 주변 사람들에게 긍정적인 영향을 미칩니다.

또한, 블루 컬러를 좋아하는 사람들은 감정을 잘 조절하는 능력이 뛰어납니다. 이들은 충동적인 행동을 피하고, 상황에 따라 차분하게 대처하는 경향이 있습니다. 예를 들어, 스트레스가 많은 상황에서도 침착함을 유지하며, 감정적으로 반응하기보다는 이성적으로 문제를 분석하고 해결책을 모색합니다. 이러한 절제력은 대인 관계에서 갈등을 최소화하고 원활한 소통을 유지하는 데 도움을 줍니다.

이들은 사전에 철저한 계획을 세우고 목표를 달성하기 위해 체계적으로 접근하는 경향이 있습니다. 블루 컬러를 선호하는 사람들은 미래를 고려하며 행동하고, 이를 통해 더 나은 결과를 얻으려는 노력을 기울입니다. 예를 들어, 장기적인 목표를 설정하고 이를 달성하기 위한 단계별 계획을 수립하여 실행하는 모습을 보입니다. 이러한 계획성은 그들이 목표를 향해 나아가는 데 있어 중요한 역할을 합니다.

신뢰와 안정성을 상징하는 블루 컬러는 이들이 다른 사람들에게 신뢰를 주는 경향이 있음을 나타냅니다. 이들은 약속을 잘 지키고 자신의 말과 행동에 일관성을 유지하려고 합니다. 이러한 신뢰성 덕분에 주변 사람들은 그들을 믿고 의지할 수 있는 존재로 인식하게 됩니다.

이는 친구 관계나 직장 내에서의 협업에서도 긍정적인 영향을 미치며, 이들이 사회적 네트워크를 형성하는 데 도움을 줍니다.

블루 컬러를 선호하는 사람들은 감정보다 이성을 중시합니다. 이들은 논리적이고 분석적인 사고를 통해 문제를 해결하려고 하며, 감정에 휘둘리지 않고 객관적인 시각에서 상황을 바라보려 합니다. 예를 들어, 복잡한 문제를 해결할 때 감정적인 반응보다는 데이터와 사실에 기반하여 결정을 내리는 경향이 있습니다. 이러한 이성적 사고는 그들이 직면한 문제를 효과적으로 해결하는 데 큰 도움이 됩니다.

또한, 블루 컬러를 선호하는 사람들은 규칙과 절차를 중요하게 생각합니다. 이들은 정해진 규칙을 따르는 것을 선호하며, 이를 통해 질서와 안정성을 유지하려고 합니다. 예를 들어, 직장에서의 업무 프로세스를 준수하고 팀의 규칙을 따르며 협력하는 모습을 보입니다. 이러한 규칙 준수는 그들이 조직 내에서 신뢰받는 구성원으로 자리잡는 데 기여합니다.

블루 컬러를 선호하는 사람들은 목표를 향해 꾸준히 노력하는 끈기를 가지고 있습니다. 이들은 어려움이 있어도 포기하지 않고 계속해서 도전하는 모습을 보입니다. 예를 들어, 힘든 프로젝트를 맡았을 때 중간에 포기하지 않고 끝까지 완수하려는 의지를 발휘합니다. 이러한 끈기는 그들이 목표를 달성하는 데 있어 중요한 자산이 됩니다.

마지막으로, 블루 컬러를 선호하는 사람들은 강한 의지력을 가지고 있습니다. 이들은 자신이 설정한 목표를 달성하기 위해 최선을 다하며, 어려운 상황에서도 흔들리지 않고 목표를 향해 나아갑니다. 예를 들어, 개인적인 목표나 직업적인 목표를 설정하고 이를 이루기 위해 필요한 노력을 아끼지 않는 모습을 보입니다. 이러한 의지력은 그들이 성공적인 삶을 살아가는 데 중요한 요소로 작용합니다.

♡ 로얄블루를 선호하는 성향

로얄블루 컬러를 선호하는 사람들은 뛰어난 통찰력을 지니고 있어 복잡한 상황에서도 본질을 꿰뚫어 보는 능력이 있습니다. 이들은 문제의 핵심을 신속하게 파악하고, 그에 따른 적절한 해결책을 제시하는 데 능숙합니다. 이러한 통찰력 덕분에 다양한 상황에서 유연하게 대처할 수 있는 능력을 갖추고 있습니다.

또한, 로얄블루를 좋아하는 사람들은 자신이 선호하는 일이나 프로젝트에 깊이 몰입하는 경향이 강합니다. 이들은 높은 집중력을 발휘하여 주어진 과제에 완전히 빠져들며, 그 과정에서 뛰어난 성과를 이끌어내곤 합니다. 몰입 상태에서 이들은 창의적인 아이디어를 발휘하고, 문제 해결에 있어 혁신적인 접근 방식을 찾는 데 능숙합니다.

이들은 강한 카리스마를 지니고 있어 주변 사람들에게 긍정적인 영향을 미치는 경우가 많습니다. 그들의 매력은 사람들을 끌어당기고 신뢰를 구축하는 데 중요한 역할을 합니다. 로얄블루를 선호하는 사람들은 대인 관계에서의 소통 능력이 뛰어나며, 타인과의 관계를 깊이 있게 발전시키는 데 기여합니다.

또한, 이들은 뛰어난 판단력을 바탕으로 신중하게 결정을 내리는 경향이 있습니다. 로얄블루를 선호하는 사람들은 다양한 정보를 집중해서 수집하고 분석하여, 어떠한 상황에서도 최선의 선택을 하려는 노력을 기울입니다. 이러한 판단력은 그들이 직면하는 여러 도전 과제에서 중요한 역할을 하며, 그들의 결정을 더욱 확고하게 만듭니다.

로얄블루를 선호하는 사람들은 강한 직감을 가지고 있어, 때로는 논리적인 분석보다 자신의 직관을 믿고 행동하는 경우가 많습니다. 이들은 직감에 따라 중요한 결정을 내리며, 이러한 능력은 그들이 어려운 상황에서도 올바른 방향으로 나아가게 합니다. 직감은 이들에게 신속한 판단을 가능하게 하여 복잡한 상황에서도 자신감을 가지고 행동할 수 있도록 합니다.

이들은 자신의 말과 행동에 대해 깊이 고민하며, 경솔한 결정을 내리지 않으려는 신중함을 지니고 있습니다. 로얄블루를 선호하는 사람들은 신중하게 생각하고 행동하여 주변 사람들에게 안정감을 주는 존재가 됩니다. 그들의 진중함은 타인에게 신뢰를 주며, 이로 인해 존경받는 리더로 자리매김할 수 있습니다.

로얄블루를 좋아하는 사람들은 솔직함을 중시하며, 자신의 생각과 감정을 명확하게 표현하는 능력을 가지고 있습니다. 이들은 대화에서 진실성을 잃지 않으며, 타인과의 관계에서 신뢰를 쌓는 데 중요한 역할을 합니다. 솔직함은 그들이 인간관계를 더욱 깊고 의미 있게 만드는 데 기여하며, 주변 사람들에게 긍정적인 영향을 미칩니다.

마지막으로, 로얄블루를 선호하는 사람들은 자신이 설정한 목표에 대해 강한 확신을 가지고 있습니다. 이들은 자신의 능력을 믿고 목표를 이루기 위해 필요한 노력을 아끼지 않으며, 어려운 상황에서도 포기하지 않고 끈기 있게 도전하는 모습을 보입니다. 이러한 확신은 그들이 목표를 향해 나아가는 데 있어 중요한 원동력이 될 수 있습니다.

♡ 바이올렛을 선호하는 성향

바이올렛을 선호하는 사람들은 봉사 정신이 강하여 타인을 돕고 사회에 기여하는 것을 중요하게 여깁니다. 이들은 자신의 재능과 자원을 활용해 주변 사람들에게 긍정적인 영향을 미치고자 하며, 자원봉사 활동이나 사회적 프로젝트에 적극 참여하여 공동체의 발전에 헌신합니다. 이러한 봉사 정신은 그들이 인간관계에서 깊은 유대감을 형성하는 데 기여하며, 타인의 고통에 공감하고 그들의 필요를 이해하려는 노력을 기울입니다. 이를 통해 사회적 연대감을 강화하고, 자신의 경험을 바탕으로 다른 사람들에게 영감을 주며, 그들이 더 나은 선택을 할 수 있도록 돕는데 큰 가치를 둡니다.

바이올렛을 선호하는 사람들은 일반적으로 높은 이상과 목표를 가지고 있으며, 자신의 삶에서 의미와 목적을 찾기 위해 끊임없이 노력합니다. 이들은 높은 목표를 설정하여 자신을 지속적으로 발전시키고 성장할 수 있는 기회를 만듭니다. 도전적인 목표를 추구하며, 이를 달성하기 위해 필요한 지식과 경험을 쌓는 데 열정을 쏟습니다. 이러한 과정에서 실패와 어려움을 겪기도 하지만, 이를 극복하고 더 나은 방향으로 나아가려는 의지를 잃지 않습니다.

융합적인 사고를 지닌 이들은 다양한 아이디어와 관점을 통합하여 새로운 것을 창출하는 데 능숙합니다. 바이올렛을 선호하는 사람들은 서로 다른 분야의 지식과 경험을 결합하여 혁신적인 솔루션을 제시하는 데 뛰어난 능력을 발휘합니다. 이들은 협업을 통해 다양한 사람들과의 소통을 즐기며, 그 과정에서 새로운 아이디어를 발견하고 발전시키는 데 기여합니다. 이러한 융합적인 사고는 문제 해결에 있어 창의적이고 효과적인 접근 방식을 찾는 데 도움을 주며, 다양한 배경을 가진 사람들과의 협력을 통해 더욱 풍부한 결과를 도출할 수 있게 합니다.

감각적인 경험을 중시하는 이들은 주변 세계를 깊이 있게 느끼고 경험하는 것을 중요하게 생각합니다. 바이올렛을 선호하는 사람들은 미적 감각이 뛰어나며, 색상, 소리, 향기 등 다양한 감각적 요소에 민감하게 반응합니다. 이들은 일상 속에서 작은 아름다움을 발견하고, 이를 통해 삶의 질을 높이는데 큰 가치를 둡니다. 이러한 감각적 경험은 예술적 표현을 통해 자신을 드러내는 데 중요한 역할을 하며, 그들의 삶을 더욱 풍요롭고 의미 있게 만듭니다. 이들은 자연의 아름다움이나 일상의 소소한 즐거움에서 영감을 얻고, 이를 통해 창의적인 작업에 몰두하는 경향이 있습니다.

독창성을 중시하는 이들은 새로운 아이디어와 접근 방식을 탐구하는 데 열정을 가지고 있습니다. 바이올렛을 선호하는 사람들은 기존의 틀에 얽매이지 않고 창의적인 해결책을 찾기 위해 끊임없이 노력합니다. 이들은 실험적이고 혁신적인 사고를 통해 새로운 가능성을 모색하며, 그 과정에서 자신만의 독특한 길을 개척해 나갑니다. 이러한 독창성은 다양한 분야에서 두각을 나타내는 데 기여하며, 그들의 아이디어는 종종 다른 사람들에게 영감을 주고 새로운 트렌드를 만들어내는 원동력이 됩니다.

마지막으로, 자유로움을 중시하는 이들은 자신의 삶을 스스로 선택하고 결정하는 것을 중요하게 생각합니다. 바이올렛을 선호하는 사람들은 규칙이나 제약에 얽매이지 않고 자신이 원하는 방향으로 나아가려는 강한 의지를 가지고 있습니다. 이들은 개인의 자유와 자율성을 존중하며, 타인에게도 이러한 가치를 전파하고자 합니다. 이러한 자유로움은 그들이 삶을 더욱 풍요롭고 의미 있게 만드는 데 기여하며, 자신의 선택에 대한 책임을 지고 이를 통해 성장하는 과정을 즐깁니다. 이들은 종종 새로운 경험을 추구하며, 다양한 문화와 사람들을 만나고, 그 과정에서 자신을 더욱 확장해 나가는 것을 소중히 여깁니다.

♡ 마젠타를 선호하는 성향

마젠타를 선호하는 사람들은 타인에 대한 깊은 이해와 공감을 바탕으로, 주변 사람들에게 따뜻한 마음으로 다가가며, 어려움에 처한 이들을 돕고자 하는 강한 의지를 가지고 있습니다. 이들은 자비로운 태도를 통해 인간관계를 맺으며, 타인의 고통을 자신의 것처럼 느끼고, 그들을 돕기 위해 적극적으로 나섭니다. 이러한 자비는 단순한 동정심을 넘어, 진정한 이해와 지지를 바탕으로 한 행동으로 이어지며, 이들은 자신의 시간과 자원을 아낌없이 나누는 것을 주저하지 않습니다.

마젠타를 선호하는 사람들은 성숙한 사고방식을 지니고 있습니다.

다양한 경험을 통해 얻은 지혜를 바탕으로 상황을 객관적으로 바라보고, 감정적으로 성숙한 반응을 보입니다. 이들은 자신의 감정을 잘 인식하고, 이를 효과적으로 소통할 수 있는 능력을 갖추고 있습니다. 마젠타는 이러한 감정의 스펙트럼을 상징하며, 이 색상을 선호하는 사람들은 자신의 내면세계를 탐구하고, 다양한 감정을 수용하는 데 능숙합니다. 그들은 타인의 감정에도 민감하게 반응하며, 공감 능력이 뛰어난 경우가 많습니다.

조력자의 성향이 강한 이들은 다른 사람들의 성장과 발전을 돕는데 큰 기쁨을 느낍니다. 자신의 지식과 경험을 나누며, 타인이 자신의 잠재력을 최대한 발휘할 수 있도록 지원합니다. 이러한 조력자는 주변 사람들에게 긍정적인 영향을 미치며, 공동체의 발전에 기여합니다. 이들은 멘토 역할을 자처하며, 타인의 성공을 자신의 성공처럼 기뻐하고, 그들이 목표를 달성할 수 있도록 지속적으로 격려합니다. 이러한 조력의 과정은 단순한 도움을 넘어, 서로의 관계를 더욱 깊고 의미 있게 만들어 줍니다.

마젠타를 선호하는 사람들은 사랑하는 사람이나 목표에 대해 깊은 헌신을 보이며, 이를 위해 필요한 노력을 아끼지 않습니다. 그들의 헌신적인 태도는 주변 사람들에게 신뢰를 주고, 관계를 더욱 깊고 의미 있게 만듭니다. 이들은 자신의 시간과 에너지를 아낌없이 쏟아붓고,

사랑하는 사람들을 위해 최선을 다하는 모습을 보여줍니다. 이러한 헌신은 단순한 의무감에서 비롯된 것이 아니라, 그들이 진정으로 소중히 여기는 것에 대한 사랑과 열정에서 나옵니다.

치유의 능력을 지닌 이들은 타인의 아픔을 이해하고, 그들을 위로하는 데 뛰어난 재능을 가지고 있습니다. 마젠타를 선호하는 사람들은 감정적으로 힘든 상황에 처한 이들에게 따뜻한 말과 행동으로 치유의 손길을 내밀며, 그들이 다시 일어설 수 있도록 돕습니다. 이들은 상대방의 감정을 존중하고, 그들의 이야기를 경청함으로써 진정한 치유의 과정을 이끌어냅니다. 이러한 치유의 과정은 단순히 문제를 해결하는 것을 넘어, 상대방이 자신의 감정을 이해하고 받아들이는 데 도움을 줍니다.

마젠타를 선호하는 사람들은 잠재력을 중요하게 생각합니다. 이들은 자신뿐만 아니라 타인의 잠재력을 발견하고, 이를 실현할 수 있도록 격려합니다. 긍정적인 시각으로 사람들을 바라보며, 각자가 가진 고유한 능력을 최대한 발휘할 수 있도록 지원합니다. 이들은 타인의 가능성을 믿고, 그들이 꿈꾸는 목표를 향해 나아갈 수 있도록 지속적으로 격려하는 역할을 합니다. 이러한 지원은 타인에게 큰 힘이 되며, 그들이 자신의 한계를 넘어설 수 있도록 돕습니다.

마젠타를 선호하는 사람들은 자신을 사랑하고 존중하는 법을 알고 있으며, 이를 통해 건강한 자아를 형성합니다. 자기애는 그들이 타인과의 관계에서도 긍정적인 영향을 미치며, 자신을 소중히 여기는 만큼 다른 사람들도 존중하게 됩니다. 이들은 자신의 강점과 약점을 인식하고, 이를 통해 더 나은 자신이 되기 위해 노력합니다. 이러한 자기애는 그들이 타인과의 관계에서 건강한 경계를 설정하고, 서로를 존중하는 데 기여합니다.

♡ 핑크를 선호하는 성향

핑크를 선호하는 사람들은 일반적으로 포용적인 성격을 지니고 있습니다. 이들은 타인의 감정을 이해하고 수용하는 데 능숙하며, 주변 사람들에게 따뜻한 분위기를 제공합니다. 포용성은 그들의 대인 관계에서 중요한 역할을 하며, 다양한 배경과 성격을 가진 사람들과도 원활하게 소통할 수 있는 능력을 발휘합니다. 이러한 포용 덕분에 그들은 친구나 가족, 심지어 처음 만나는 사람들과도 쉽게 친밀감을 형성할 수 있습니다. 이들은 상대방의 이야기를 경청하고, 그들의 감정을 존중하며, 필요할 때 따뜻한 위로의 손길을 내밀기도 합니다.

애교는 핑크를 좋아하는 사람들의 또 다른 특징입니다. 이들은 종종 사랑스러운 매력을 발산하며, 주변 사람들에게 긍정적인 에너지를 전파합니다. 애교는 그들의 대인 관계를 더욱 부드럽고 친밀하게 만들어 주며, 사람들과의 유대감을 강화하는 데 기여합니다. 핑크를 좋아하는 사람들은 상황에 맞는 재치 있고 사랑스러운 말투로 사람들을 웃게 만들며, 그로 인해 자연스럽게 사람들의 마음을 사로잡습니다. 이러한 애교는 그들의 매력적인 성격을 더욱 부각시키고, 사람들과의 관계를 더욱 즐겁고 의미 있게 만들어 줍니다.

부드러움은 핑크를 선호하는 사람들의 성격에서 중요한 요소입니다. 이들은 대체로 온화하고 차분한 성격을 가지고 있으며, 갈등 상황에서도 부드러운 접근 방식을 취합니다. 이러한 부드러움은 그들이 타인과의 관계에서 신뢰를 쌓고, 긍정적인 상호작용을 이끌어내는 데 도움을 줍니다. 이들은 감정적으로 안정된 상태를 유지하며, 상대방의 기분을 상하게 하지 않도록 세심하게 배려합니다. 이러한 부드러운 태도는 그들이 주변 사람들에게 편안함을 주고, 신뢰를 쌓는 데 큰 역할을 합니다.

핑크를 선호하는 사람들은 사랑을 중시하는 경향이 있습니다. 이들은 가족, 친구, 연인과의 관계에서 깊은 애정과 헌신을 보여주며, 사랑을 통해 삶의 의미를 찾습니다. 그들의 사랑은 진정성과 따뜻함으로 가득 차 있으며, 상대방에게 진심 어린 관심과 지지를 아끼지 않습니다. 이들은 사랑하는 사람들을 위해 작은 것에도 신경을 쓰고, 그들의 행복을 위해 노력하는 모습을 보입니다. 이러한 사랑은 그들의 삶을 더욱 풍요롭게 만들고, 주변 사람들에게도 긍정적인 영향을 미칩니다.

매력은 핑크를 좋아하는 사람들에게 자연스럽게 드러나는 특성입니다. 이들은 자신감과 긍정적인 에너지를 바탕으로 사람들을 끌어당기는 매력을 지니고 있습니다. 그들의 매력은 단순한 외모에 그치지 않고, 내면의 따뜻함과 친절함에서 비롯됩니다. 이들은 자신을 사랑하고 존중하는 태도를 가지고 있어, 자연스럽게 다른 사람들에게도 긍정적인 영향을 미칩니다. 그들의 매력은 사람들과의 관계를 더욱 깊고 의미 있게 만들어 주며, 새로운 인연을 만드는 데도 큰 도움이 됩니다.

순수함은 핑크를 선호하는 사람들의 또 다른 특성입니다. 이들은 세상을 바라보는 시각이 긍정적이며, 순수한 마음으로 사람들과의 관계를 맺습니다. 이러한 순수함은 그들이 타인에게 진정한 관심과 사랑을 쏟을 수 있게 하며, 관계의 깊이를 더해줍니다. 이들은 종종 세상의 아름다움을 발견하고, 작은 것에도 감사하는 마음을 가지고 있습니다. 이러한 순수한 태도는 그들이 주변 사람들에게 긍정적인 영향을 미치고, 삶의 소중함을 일깨워 주는 역할을 합니다.

모성애(부성애)는 핑크를 좋아하는 사람들에게서 자주 나타납니다. 이들은 타인을 돌보고 보호하려는 강한 본능을 가지고 있으며, 주변 사람들에게 안정감과 지지를 제공합니다. 이러한 모성애는 그들이 가족이나 친구들에게 헌신적으로 대하는 모습에서 잘 드러납니다. 이들은 사랑하는 사람들의 행복을 위해 헌신하며, 그들의 필요를 이해하고 지원하는 데 큰 노력을 기울입니다. 이러한 모성애는 그들이 주변 사람들에게 깊은 신뢰를 주고, 관계를 더욱 돈독하게 만드는 데 기여합니다.

마지막으로, 친절은 핑크를 선호하는 사람들의 성향을 보여주는 중요한 요소입니다. 이들은 타인에게 친절하고 배려 깊은 태도를 보이며, 작은 행동으로도 주변 사람들에게 긍정적인 영향을 미칩니다. 친절은 그들의 대인 관계를 더욱 풍요롭게 만들고, 사회적 유대감을 강화하는 데 기여합니다. 이들은 종종 자원봉사나 도움을 주는 활동에 참여하며, 사회에 긍정적인 변화를 가져오고자 하는 열망을 가지고 있습니다. 이러한 친절한 행동은 그들이 주변 사람들에게 사랑과 지지를 전하는 방법이기도 합니다.

Chapter

06

레드성향 직업군
오렌지성향 직업군
옐로우성향 직업군
그린성향 직업군
블루성향 직업군
로얄블루성향 직업군
바이올렛성향 직업군
마젠타성향 직업군
핑크성향 직업군

컬러성향과 커리어

컬러 성향은 단순히 개인의 취향을 넘어서,
직업 선택에 있어 중요한 역할을 할 수 있습니다.
자신이 선호하는 컬러를 이해하고,
그 컬러가 주는 감정적 반응을 인식함으로써,
개인은 자신의 흥미와 적성에 맞는 직업을 찾는데
도움을 받을 수 있습니다.

컬러성향이란 컬러 고유의 특징적인 부분을 사람의 성향과 매칭하여 구분하는 것이라고 볼 수 있습니다. 예를 들어, 따뜻한 색조인 빨강이나 오렌지색은 에너지와 열정을 상징하며, 차가운 색조인 파랑이나 초록색은 안정감과 평화를 나타냅니다. 이러한 컬러들은 개인의 성격, 가치관, 그리고 직업적 흥미와 밀접한 연관이 있습니다.

예를 들어, 빨강색을 선호하는 사람은 대개 활동적이고 도전적인 성향을 지닌 경우가 많습니다. 이러한 성향은 마케팅, 세일즈, 또는 창의적인 분야에서의 직업에 적합할 수 있습니다. 이들은 사람들과의 소통을 즐기고, 새로운 아이디어를 제시하는 데 능숙하기 때문에, 이러한 직업에서 큰 만족을 느낄 가능성이 높습니다.

반면, 파랑색을 선호하는 사람은 안정적이고 신뢰감을 주는 성향을 지닐 수 있습니다. 이러한 사람들은 분석적이고 체계적인 사고를 중시하며, 연구, 교육, 또는 관리 분야에서의 직업에 흥미를 느낄 수 있습니다. 이들은 문제 해결을 즐기고, 깊이 있는 지식을 추구하는 경향이 있어, 이러한 직업에서 자신의 역량을 발휘할 수 있습니다.

또한, 초록색을 선호하는 사람은 자연과의 연결을 중시하며, 조화와 균형을 추구하는 경향이 있습니다. 이러한 성향은 환경 관련 직업, 상담, 또는 예술 분야에서의 흥미로 이어질 수 있습니다. 이들은 사람들과의 관계를 중요시하며, 타인을 돕는데 큰 만족을 느끼는 경우가 많습니다.

컬러성향은 단순히 개인의 취향을 넘어서, 직업 선택에 있어 중요한 역할을 할 수 있습니다. 자신이 선호하는 컬러를 이해하고, 그 컬러가 주는 감정적 반응을 인식함으로써, 개인은 자신의 흥미와 적성에 맞는 직업을 찾는 데 도움을 받을 수 있습니다.

한국컬러심리연구소에서는 2024년 고용-24 기준 우리나라 531개의 직업을 컬러성향별로 분류하여, 다양한 직업을 탐색하고 진로를 설정하는 데 도움을 주고 있습니다.

아래 10가지 직업군 중에서 관심 있는 직업군에 먼저 체크해주세요. (1~3개)

1	경영, 사무, 금융, 보험직	
2	연구직 및 공학 기술직	
3	교육, 법률, 사회복지, 경찰, 소방직 및 군인	
4	보건, 의료직	
5	예술, 디자인, 방송, 스포츠직	
6	미용, 여행, 숙박, 음악, 경비, 청소직	
7	영업, 판매, 운전, 운송직	
8	건설, 채굴직	
9	설치, 정비, 생산직	
10	농림어업직	

평상시 좋아하는 컬러를 찾아서, 직업군에서 체크한 번호 하단의 세부 직업을 확인해 봅시다.

(컬러성향별 1~10 직업군은 동일하며, 세부 직업은 다름)

한국컬러심리연구소의 컬러성향별 직업은 홀랜드 흥미 유형을 참고하여 분류한 것으로, 총 531개의 직업 중에서 그 일부를 소개해 드립니다.

★ 레드성향 직업군

① 경영 • 사무 • 금융 • 보험직

운송관리자 건설 • 채굴관리자 전기 • 가스 • 수도관리자 제조 • 생산관리자

② 연구직 및공학 기술직

물리학연구원, 농림어업시험원, 컴퓨터 하드웨어 기술자 및 연구원, 컴퓨터 시스템 설계 및 분석가

③ 교육 • 법률 • 사회복지 • 경찰 • 소방직 및 군인

기술 • 기능계강사

④ 보건 • 의료직

외과의사, 성형외과의사, 이비인후과의사, 안과의사, 방사선과의사, 가정의학과의사

⑤ 예술・디자인・방송・스포츠직

가수, 연극영화방송기술감독, 촬영기사, 직업운동선수

⑥ 미용・여행・숙박・음식・경비・청소직

경호원 시설・특수경비원, 경비원, 청소원, 환경미화원 및 재활용품 수거원, 방역원

⑦ 영업・판매・운전・운송직

통신기기・서비스판매원, 방문판매원, 항공기 조종사, 헬리콥터 조종사, 선장 및 항해사, 선박 기관사

⑧ 건설・채굴직

철골공(강구조물건립원), 경량철골공, 철근공, 콘크리트공, 건축석공, 전통건축기능원, 조적원

⑨ 설치・정비생산직

제과제빵원, 떡제조원, 정육원, 육류・어패류・낙농품가공기계조작원, 제분・도정기계조작원

⑩ 농림어업직

곡식작물재배원, 채소・특용작물재배원, 과수작물재배원

⭐ 오렌지성향 직업군

① 경영·사무·금융·보험직

감사사무원, 자재·구매사무원, 고객상담원, 출판·자료편집사무원, 신용추심원

② 연구직 및 공학 기술직

빅데이터 분석가, 정보보안전문가, 통신장비기사, 방송송출장비기사, 건축가(건축설계사)

③ 교육·법률·사회복지·경찰·소방직 및 군인

검사, 소방관

④ 보건·의료직

간호사, 임상병리사, 방사선사, 치과기공사, 치과위생사, 재활공학기사, 간호조무사

⑤ 예술·디자인·방송·스포츠직

영상·녹화 및 편집기사, 조명기사

⑥ 미용·여행·숙박·음식·경비·청소직

미용사, 항공기객실승무원, 선박객실승무원, 중식조리사, 일식조리사, 패스트푸드준비원, 홀서빙원

⑦ 영업·판매·운전·운송직

화물차·특수차운전원, 크레인·호이스트운전원, 지게차운전원, 선박갑판원, 하역·적재종사원

⑧ 건설·채굴직

미장공, 단열공, 타일·대리석시공원, 섀시조립·설치원, 건설배관공, 건설 및 채굴기계운전원

⑨ 설치·정비생산직

이동전화기수리원, 방송장비설치·수리원, 통신장비설치·수리원, 방송·통신·인터넷케이블수리원

⑩ 농림어업직

육묘 및 화훼작물재배자, 조경원, 가축사육종사원, 조림·산림경영인

★ 옐로우성향 직업군

① 경영·사무·금융·보험직

기업고위임원, 연구관리자, 전기·가스·수도관리자, 제조·생산관리자, 경영·진단전문가, 조사전문가

② 연구직 및 공학 기술직

철학연구원, 역사학연구원, 언어학연구원, 교육학연구원, 심리학연구원, 정치학연구원

③ 교육・법률・사회복지・경찰・소방직 및 군인

청소년지도사, 대학교수, 대학시간강사, 교재・교구 및 이러닝교육전문가

④ 보건・의료직

보건교사, 임상병리사, 치과기공사, 물리치료사, 작업치료사, 임상심리사, 언어치료사, 안경사

⑤ 예술・디자인・방송・스포츠직

소설가, 영화시나리오작가, 번역가, 신문기자, 방송기자, 학예사, 문화재보존원, 화가, 조각가

⑥ 미용・여행.숙박.음식・경비.청소직

방역원, 네일아티스트, 분장사, 자연 및 문화해설사

⑦ 영업・판매・운전・운송직

지게차운전원

⑧ 건설・채굴직

경량철골공, 전통건축기능원, 방수공, 유리부착원, 섀시조립・설치원, 건설배관공

⑨ 설치정비생산직

식품·담배등급원, 인쇄기계조작원, 공예원, 악기제조원 및 조율사, 공업기계설치 및 정비원

⑩ 농림어업직

곡식작물재배원, 낙농종사원, 양식원, 어부 및 해녀

★≡ 그린성향 직업군

① 경영·사무·금융·보험직

유치원 원장 및 원감, 초등학교 교장 및 교감, 중고등학교 교장 및 교감, 사회복지관리자

② 연구직 및 공학기술직

보건위생·환경검사원, 산업안전원, 위험관리원

③ 교육·법률·사회복지·경찰·소방직 및 군인

사회복지사, 심리상담전문가, 청소년지도사, 직업상담사, 사회단체활동가, 보육교사, 생활지도원

④ 보건·의료직

수의사, 보건교사, 간호사, 방사선사, 치과위생사, 물리치료사, 작업

치료사

⑤ 예술·디자인·방송·스포츠직

방송작가, 통역가, 방송기자, 사서, 기록물관리사, 국악인, 방송연출가

⑥ 미용.여행·숙박·음식·경비.청소직

주차관리·안내원, 피부 및 체형관리사, 반려동물미용사, 수의사보조원, 장례지도사

⑦ 영업·판매·운전·운송직

온라인판매원, 상품대여원, 이동판매원, 방문판매원, 주유원, 매장계산원 및 요금정산원

⑧ 건설·채굴직

경량철골공, 건설·채굴단순종사원

⑨ 설치·정비새산직

이동전화기수리원, 통신장비설치·수리원, 재활용 처리장치·소각로조작원

⑩ 농림어업직

곡식작물재배원, 낙농종사원

⭐ 블루성향 직업군

① 경영 • 사무 • 금융 • 보험직

회계사무원, 경리사무원, 무역사무원, 통계사무원, 비서, 사무보조원, 속기사, 행정사, 자산운용가

② 연구직 및 공학 기술직

수질환경기술자 및 연구원, 환경영향평가원, 소음진동기술자, 토양환경기술자, 제도사(캐드원)

③ 교육 • 법률 • 사회복지 • 경찰 • 소방직 및 군인

중 • 고등학교 교사, 초등학교 교사, 컴퓨터강사, 판사, 검사, 법무사 및 집행관, 변리사, 법률사무원

④ 보건 • 의료직

약사, 한약사, 보건의료정보관리사

⑤ 예술 • 디자인 • 방송 • 스포츠직

번역가, 통역가, 출판물 기획자, 사서, 기록물관리사, 무용과, 아나운서, 경기심판 및 경기기록원

⑥ 미용 • 여행 • 숙박 • 음식 • 경비 • 청소직

계기검침원 및 가스점검원, 선박객실승무원, 숙박시설서비스원

⑦ 영업・판매・운전・운송직

매장계산원 및 요금정산원, 항공기조종사, 선장 및 항해사, 선박기관사, 항공교통관제사

⑧ 건설・채굴직

경량철골공, 공업배관공, 건설 및 채굴기계운전원, 광원・채석원 및 석재절단원

⑨ 설치・정비・생산직

펄프・종이제조장치조작원, 가구조립원, 자돔조립라인・산업용로봇조작원, 주조원

⑩ 농림어업직

채소・특용작물재배원, 과수작물재배원

★⁄⁄ 로얄블루성향 직업군

① 경영・사무・금융・보험직

의회의원・고위공무원 및 공공단체임원, 기업고위임원, 정부행정관리자, 경영지원관리자

② 연구직 및 공학 기술직

언어학연구원, 교육학연구원, 경제학연구원, 지질학연구원, 농학연구원, 수산학연구원

③ 교육・법률・사회복지・경찰・소방직 및 군인

변호사, 변리사, 경찰관, 해양경찰관, 위관급 장교, 부사관

④ 보건・의료직

정신과의사, 한의사, 치과의사

⑤ 예술・디자인・방송・스포츠직

신문기자, 잡지기자, 지휘자, 의상디자이너, 패션소품디자이너, 웹디자이너

⑥ 미용・여행・숙박・음식・경비・청소직

경호원, 청원경찰, 가사도우미, 검표원, 피부 및 체형관리사, 메이크업아티스트 및 뷰티매니저

⑦ 영업・판매・운전・운송직

부동산중개인, 기술영업원, 해외영업원, 자동차영업원, 제품광고영업원, 텔레마케터

⑧ 건설・채굴직

경량철골공, 건물도장공, 공업배관공

⑨ 설치・정비・생산직

김치·밑반찬 제조종사원, 승강기 설치·정비원, 냉동·냉장·공조기 설치·정비원 금형원

⑩ 농림어업직

조림·산림경영인 및 벌목원

★彡 바이올렛성향 직업군

① 경영·사무·금융·보험직

마케팅·광고·홍보관리자, 예술디자인·방송관리자, 음식서비스관리자, 광고·홍보·마케팅전문가

② 연구직및공학기술직

철학연구원, 가상현실전문가, 게임프로그래머, 모바일앱개발자, 웹기획자, IT기술지원전문가

③ 교육·법률·사회복지경찰·소방직 및 군인

컴퓨터강사, 예능강사, 학습지·교육교구방문강사, 교재·교구 및 이러닝교육전문가

④ 보건의료직

피부과의사 영양사, 놀이치료사, 예술치료사

⑤ 예술・디자인・방송・스포츠직

영화배우 및 탤런트, 모델, 연극 및 뮤지컬배우, 개그맨 및 코미디언, 성우, 리포터, 촬영기사

⑥ 미용・여행・숙박・음식・경비・청소직

미용사, 네일아티스트, 메이크업아티스트 및 뷰티매니저, 분장사, 반려동물미용사

⑦ 영업・판매・운전・운송직

상점판매원, 노점 및 이동판매원, 화물차・특수차운전원, 크레인・호이스트운전원

⑧ 건설・채굴직

유리부착원, 건물도장공, 광원・채석원 및 석재절단원건설・채굴단순종사원

⑨ 설치・정비・생산직

사진인화・현상기조작원(사진수정 포함), 가구제조・수리원, 공예원, 귀금속・보석세공원

⑩ 농림어업직

육묘 및 화훼작물재배자, 조경원, 낙농종사원, 가축사육종사원

★ 마젠타성향 직업군

① 경영 • 사무 • 금융 • 보험직

상품기획자, 공연 • 영화 • 음반기획자, 행사기획자, 경영기획사무원, 광고 • 홍보 • 마케팅사무원

② 연구직 및 공학 기술직

응용소프트웨어개발자, 웹기획자, IT테스터 및 QA 전문가(SW 테스터), 데이터베이스개발자

③ 교육 • 법률 • 사회복지 • 경찰 • 소방직 및 군인

사회단체활동가, 생활지도원, 대학교수, 문리학원강사, 외국어강사

④ 보건 • 의료직

영양사, 청능사, 응급구조사, 안마사

⑤ 예술 • 디자인 • 방송 • 스포츠직

영화감독, 모델, 개그맨 및 코미디언, 아나운서, 음향 • 녹음기사, 크리에이터, 연예인매니저

⑥ 미용 • 여행 • 숙박 • 음식 • 경비 • 청소직

장례지도사 및 장례상담원, 여행상품개발자, 여행사무원, 바텐터, 음료조리사

⑦ 영업・판매・운전・운송직

소규모판매점장, 온라인판매원, 홍보도우미 및 판촉원, 택시운전원, 선박갑판원

⑧ 건설・채굴직

철로설치・보수원

⑨ 설치・정비・생산직

방송・통신・인터넷케이블설치・수리원, 석유・천연가스제조제어장치조작원, 양장・양복제조원

⑩ 농림어업직

조림・산림경영인 및 벌목원

★ 핑크성향 직업군

① 경영・사무・금융・보험직

보건・의료관리자, 여행・호텔관리자, 음식서비스관리자, 안내접수원, 고객상담원, 의료코디네이터

② 연구직 및 공학기술직

심리학연구원, 정치학연구원, 사회학연구원, 전기감리기술자

③ 교육・법률・사회복지・경찰・소방직 및 군인

특수교육교사, 보조교사, 유치원교사, 외국어강사, 예능강사, 학습지・교육교구방문강사 변호사

④ 보건・의료직

언어치료사, 청능사, 놀이치료사, 예술치료사, 응급구조사, 안경사, 간호조무사, 안마사

⑤ 예술・디자인・방송・스포츠직

리포터, 스포츠감독 및 코치, 경기심판 및 경기기록원, 스포츠강사, 레크리에이션전문가

⑥ 미용.여행・숙박・음식・경비.청소직

여행안내원, 열차객실승무원, 숙박시설서비스원, 오락시설서비스원, 한식조리사, 홀서빙원

⑦ 영업・판매・운전・운송직

부동산중개인, 기술영업원, 자동차영업원, 텔레마케터, 상점판매원, 통신기기・서비스판매원

⑧ 건설・채굴직

경량철골공, 건설・채굴단순종사원

⑨ 설치・정비새산직

정육원 및 도축원, 제분·도정기계조작원, 철도기관차·전동차정비원, 전기·전자설비조작원

⑩ 농림어업직

육묘 및 화훼작물재배자, 조경원

Chapter 07

- 레드가 끌리는 컬러심리
- 오렌지가 끌리는 컬러심리
- 옐로우가 끌리는 컬러심리
- 그린이 끌리는 컬러심리
- 블루가 끌리는 컬러심리
- 로얄블루가 끌리는 컬러심리
- 바이올렛이 끌리는 컬러심리
- 마젠타가 끌리는 컬러심리
- 핑크가 끌리는 컬러심리

끌리는 컬러와 컬러심리

마젠타는 일반적으로 성숙, 자비, 그리고 영적 연결을 상징하는 색상으로 여겨집니다. 인간적으로 극복하기 힘든 상황에서 사람들은 종종 사랑과 지지, 그리고 희망을 찾게 되며 마젠타는 이러한 감정을 시각적으로 표현하는 색상으로 작용할 수 있습니다.

컬러는 우리의 일상생활에서 중요한 역할을 하며, 각 컬러는 특정한 심리적 의미를 지니고 있습니다. 사람들은 종종 특정 컬러에 끌리거나 반감을 느끼는데, 이는 개인의 심리적 상태, 감정, 상황, 개인적 경험, 문화적 배경, 그리고 자아 표현과 밀접한 관련이 있습니다.

감정의 반영이라는 측면에서 컬러에 대한 끌림은 개인의 현재 감정 상태를 나타낼 수 있습니다. 예를 들어, 우울한 기분을 느낄 때 사람들은 종종 밝고 따뜻한 색상에 끌리게 됩니다. 이는 이러한 색상이 긍정적인 감정을 불러일으키고 기분을 전환하는 데 도움을 줄 수 있기 때문입니다. 반면, 안정감을 원할 때는 차분한 색상, 예를 들어 파란색이나 녹색과 같은 색상에 끌릴 수 있습니다. 이러한 색상은 마음을 진정시키고 안정감을 제공하는 효과가 있습니다. 따라서 색상에 대한 끌림은 단순한 미적 선호를 넘어서 개인의 감정적 필요와 깊은 연관이 있습니다.

상황적 요인도 컬러에 대한 끌림에 큰 영향을 미칩니다. 특정 상황이나 환경에서 우리는 자연스럽게 특정 색상에 끌리게 됩니다. 예를 들어, 봄철에는 생명력과 활력을 상징하는 녹색이나 핑크색에 끌리는 경향이 있습니다. 이는 봄이 새로운 시작과 재생의 상징으로 여겨지기 때문입니다. 이러한 계절적 요인은 우리의 감정과 기분에 영향을 미치며, 그에 따라 선호하는 색상도 달라질 수 있습니다. 따라서 색상에 대한 끌림은 단순히 개인의 취향뿐만 아니라 외부 환경과의 상호작용에서도 비롯됩니다.

개인적 경험은 컬러에 대한 끌림에 중요한 역할을 합니다. 특정 색상이 과거의 경험이나 기억과 연결될 때, 우리는 그 색상에 대해 긍정적인 감정을 느낄 수 있습니다. 예를 들어, 어린 시절의 행복한 기억이 담긴 색상에 끌리게 되는 경우가 많습니다. 이러한 색상은 개인의 정체성과 연결되어 있으며, 그 색상을 통해 과거의 긍정적인 감정을 다시 경험하고자 하는 욕구가 작용합니다. 따라서 색상에 대한 끌림은 개인의 삶의 경험과 깊은 연관이 있습니다.

문화적 배경도 컬러에 대한 의미를 형성하는 중요한 요소입니다. 색상은 문화에 따라 다르게 해석될 수 있으며, 어떤 색상은 특정 문화에서 긍정적인 의미를 지니고, 다른 문화에서는 부정적인 의미를 가질 수 있습니다. 예를 들어, 서양 문화에서 흰색은 순수함과 결혼을 상징하지만, 일부 아시아 문화에서는 장례식과 관련된 색상으로 여겨집니다. 이러한 문화적 차이는 개인의 색상 선호도에 영향을 미치며, 특정 색상에 대한 끌림이 문화적 맥락에서 어떻게 해석되는지를 보여줍니다.

마지막으로, 컬러는 개인의 자아를 표현하는 수단이 될 수 있습니다. 사람들은 특정 색상을 통해 자신의 정체성이나 개성을 드러내고자 하는 욕구를 가지고 있습니다. 끌리는 색상은 자신의 내면을 표현하고, 타인에게 자신을 알리고자 하는 욕구와 관련이 있을 수 있습니다.

이러한 색상 선택은 개인의 자아 인식과 밀접하게 연결되어 있으며, 색상을 통해 자신을 어떻게 보여주고 싶은지를 반영합니다.

이 책에서는 선호하는 컬러와 끌리는 컬러를 구분해 놓긴 했지만, 상황에 따라 선호하는 컬러와 끌리는 컬러 모두 컬러성향으로 볼 수도 있고, 또는 두 가지 모두 컬러심리로 분석할 수도 있습니다. 다만, 약 5년 이상 지속적으로 선호하는 컬러는 사회적으로 어느 정도 고착된 경향성이 있어서 컬러성향에 포함하였고, 그보다 짧은 기간 동안 특정한 컬러가 끌린다는 것은 환경적 요인에 의한 심리적인 상태 등을 분석하는 데 유의미하기 때문에, 이 책에서는 끌리는 컬러를 통해 심리를 분석하는 방법을 소개하려고 합니다.

♡ 레드가 끌리는 컬러심리

매사에 열정적이고 의욕이 넘치는 사람들은 종종 레드 컬러가 끌리게 됩니다. 레드는 활력과 에너지를 불어넣는 심리적 효과를 지니고 있으며, 이러한 특성 덕분에 이들은 레드의 자극적인 특성을 통해 새로운 도전과 경험을 추구하는 삶의 의지를 더욱 강하게 느끼게 됩니다. 이들은 레드가 주는 에너지를 통해 자신이 원하는 목표를 향해 나아가고자 하는 열망을 표현하며, 이는 그들의 삶에 대한 긍정적인 태도를 반영합니다. 레드는 단순한 색상이 아니라, 그들에게는 삶의 동기와 열정을 상징하는 중요한 요소로 작용합니다.

적극적인 삶의 의지를 가진 사람들은 레드를 결단력과 자신감을 상징하는 색으로 인식합니다. 이들은 레드에 끌리며, 이는 그들이 목표를 향해 나아가고자 하는 강한 열망을 나타냅니다. 레드는 그들에게 도전의 상징이자, 자신이 원하는 것을 이루기 위한 힘을 주는 색으로 작용하여 그들의 삶에서 중요한 역할을 합니다. 이러한 사람들은 레드를 통해 자신이 원하는 바를 이루기 위한 의지를 더욱 확고히 하며, 이는 그들의 행동과 태도에 긍정적인 영향을 미칩니다.

반면, 번아웃 상태에 있거나 신체적 에너지가 고갈된 사람들은 극심한 피로감을 느끼며, 이때 레드 컬러가 끌리는 심리적 이유는 레드를 통해 일시적으로라도 에너지를 회복하고자 하는 욕구를 반영합니다. 레드는 그들에게 활력을 주는 색으로 작용하여, 일상에서의 에너지를 되찾고자 하는 열망을 표현합니다. 이러한 사람들은 레드를 통해 자신을 재충전하고, 다시금 활기찬 일상으로 돌아가고자 하는 강한 욕구를 느끼게 됩니다.

또한, 분노를 느끼는 사람들은 레드의 강렬함에 끌릴 수 있습니다. 레드는 종종 강한 감정을 상징하는 색으로, 이들은 내면의 감정을 표현하고자 하는 욕구를 느끼며 레드에 매력을 느낍니다. 이는 그들이 분노를 통해 자신을 드러내고자 하는 심리를 반영하며, 레드는 그들에게 감정의 해소 수단이 될 수 있습니다. 이들은 레드를 통해 자신의 감정을 외부로 표출하고, 이를 통해 내면의 갈등을 해소하고자 하는 욕구를 느끼게 됩니다.

무기력한 상태에 있는 사람들은 레드의 강렬함이 그들에게 자극이 될 수 있습니다. 이들은 레드를 통해 자신을 일으켜 세우고자 하며, 이는 그들의 무기력함을 극복하고자 하는 심리를 나타냅니다. 레드는 그들에게 새로운 시작과 변화를 상징하는 색으로 작용하여, 일상에서의 활력을 되찾고자 하는 욕구를 표현합니다. 이러한 사람들은 레드를 통해 자신에게 필요한 에너지를 불어넣고, 다시금 삶의 의욕을 찾고자 하는 강한 열망을 느끼게 됩니다.

마지막으로, 피해 의식을 느끼고 있는 경우, 레드의 강렬함이 자신들의 고통을 드러내는 방식으로 작용할 수 있습니다. 이들은 레드에 끌리면서도 그 색상이 자신들의 상처와 불만을 표현하는 수단이 될 수 있음을 느낄 수 있습니다. 레드는 그들에게 감정의 표현과 치유의 과정에서 중요한 역할을 할 수 있으며, 이를 통해 그들은 자신의 감정을 이해하고, 치유의 길로 나아가고자 하는 욕구를 느끼게 됩니다. 이러한 방식으로 레드는 그들의 내면세계를 탐구하고, 감정의 해소를 위한 중요한 도구로 작용할 수 있습니다.

오렌지가 끌리는 컬러심리

 오렌지 색상은 따뜻하고 밝은 느낌을 주며, 활력과 즐거움을 상징하는 색으로 널리 알려져 있습니다. 이 색상은 사람들에게 긍정적인 에너지를 불어넣어 주고, 일상에서의 스트레스와 우울감을 해소하는 데 도움을 줄 수 있습니다. 특히 정서적으로 힘든 상황이나 좌절감을 느낄 때, 오렌지 색상은 새로운 활력을 찾고자 하는 욕구를 더욱 강하게 자극할 수 있습니다. 이러한 현상은 오렌지 컬러가 개인의 내면에 숨겨진 활력과 즐거움을 끌어내려는 심리를 반영한다는 것을 보여줍니다. 오렌지 색상은 단순한 시각적인 요소를 넘어 감정적인 안정과 긍정적인 변화를 이끌어내는 중요한 역할을 합니다. 이 색상은 사람들에게 따뜻한 감정을 불러일으키며, 삶의 다양한 순간에서 긍정적인 영향을 미칠 수 있습니다.

 또한, 오렌지 색상은 호기심과 흥미를 자극하는 특성이 있습니다. 이 색상은 새로운 경험이나 도전을 향한 기대감을 불러일으키며, 일상에서의 단조로움을 탈피하고자 하는 심리를 반영합니다. 오렌지 컬러에 끌리는 것은 새로운 가능성에 대한 열망과 함께, 삶의 다양한 측면에서 흥미를 느끼고자 하는 욕구의 표현일 수 있습니다. 이는 개인이 변화와 성장을 추구하는 심리를 반영하는 것으로, 오렌지 색상이 주는 자극은 사람들에게 새로운 목표를 설정하고 이를 향해 나아가고자 하는 동기를 부여합니다. 이러한 과정은 개인의 삶에 활력을 불어넣고, 새로운 기회를 탐색하는 데 중요한 역할을 합니다.

오렌지 색상은 강렬한 감정을 불러일으키는 색으로, 정신적 충격이나 트라우마를 겪은 사람들에게 위안과 회복의 상징이 될 수 있습니다. 이 색상은 긍정적인 변화를 상징하며, 과거의 아픔을 극복하고 새로운 시작을 할 수 있는 힘을 제공합니다. 따라서 오렌지 컬러에 대한 끌림은 치유와 회복의 과정에서 나타나는 자연스러운 반응이며, 이는 개인이 자신의 감정을 정리하고 새로운 삶을 향해 나아가고자 하는 심리를 반영합니다. 오렌지 색상은 사람들에게 과거의 상처를 잊고, 미래에 대한 희망을 품게 하는 중요한 역할을 합니다. 이러한 색상의 특성은 사람들에게 긍정적인 변화를 추구하도록 자극하며, 그들이 새로운 가능성을 발견하는 데 도움을 줍니다.

또한, 오렌지 색상은 강압적이고 통제적인 환경에서 벗어나고 싶다는 감정을 반영하는 중요한 요소로 작용합니다. 이 색상은 개인이 자신의 감정을 정리하고, 새로운 시작을 향해 나아갈 수 있는 용기를 주며, 과거의 억압을 극복하고 새로운 기회를 찾고자 하는 심리를 자극합니다. 따뜻하고 밝은 느낌을 주며, 활력과 즐거움을 상징하는 오렌지 컬러는 개인이 느끼는 답답함과 우울감을 해소하고, 새로운 가능성을 탐색하고자 하는 욕구를 자극합니다. 이러한 색상은 사람들에게 긍정적인 변화를 이끌어내는 중요한 역할을 하며, 그들이 새로운 길을 모색하는 데 필요한 에너지를 제공합니다.

마지막으로, 좌절을 경험한 사람들은 종종 새로운 시작을 원하게 됩니다. 오렌지 색상은 이러한 새로운 출발을 상징하며, 긍정적인 변화를 추구하는 마음을 자극합니다. 이 색상은 과거의 실패를 잊고 앞으로 나아갈 수 있는 용기를 주며, 삶의 새로운 장을 열고자 하는 열망을 표현하는 데 기여합니다. 이는 개인이 스스로 상황을 극복하고 새로운 기회를 찾고자 하는 심리를 반영하는 것입니다. 오렌지 색상은 사람들에게 희망과 가능성을 상기시켜 주며, 그들이 다시 일어설 수 있도록 돕는 중요한 역할을 합니다. 이와 같이 오렌지 컬러의 끌림은 다양한 방식으로 해석될 수 있으며, 각 개인의 경험과 감정에 따라 다르게 나타날 수 있습니다. 이러한 색상은 사람들의 삶에 긍정적인 영향을 미치며, 그들이 새로운 가능성을 탐색하고 더 나은 미래를 향해 나아가도록 돕는 중요한 요소로 작용합니다.

옐로우가 끌리는 컬러심리

옐로우는 지적인 활동과 관련된 색상으로 널리 인식되고 있습니다.

이 색상은 주의 집중과 사고의 명료함을 자극하는 효과가 있어, 학습이나 연구에 몰두하고자 하는 욕구를 반영합니다. 옐로우에 대한 끌림은 개인이 새로운 지식을 탐구하고, 창의적인 아이디어를 발전시키고자 하는 열망을 나타낼 수 있습니다. 이는 특히 지적 호기심이 강한 사람들에게 더욱 두드러지며, 옐로우는 그들에게 새로운 발견과 학습의 기회를 상징하는 중요한 색상으로 자리 잡고 있습니다. 이러한 색상은 개인의 사고를 자극하고, 문제 해결 능력을 향상시키는 데 기여할 수 있습니다.

또한, 옐로우는 낮은 자존감과 관련된 심리를 반영할 수 있는 색상입니다. 자기 비하로 인해 우울하거나 무기력한 상태에 있는 개인은 옐로우의 밝은 색감을 통해 긍정적인 감정을 자극받고, 자신에 대한 부정적인 생각에서 벗어나려는 노력을 하게 됩니다. 이는 자존감을 회복하고자 하는 자연스러운 반응으로, 옐로우가 제공하는 긍정적인 에너지가 그들에게 필요한 심리적 지지 역할을 할 수 있습니다. 이러한 과정에서 옐로우는 개인이 자신의 감정을 긍정적으로 변화시키고, 더 나은 자신을 향해 나아가도록 돕는 역할을 합니다.

옐로우는 긍정적인 피드백에 대한 갈망을 심리적으로 반영하기도 합니다. 하지만 주변으로부터 기대하는 피드백을 받지 못하거나, 그들이 원하는 방식으로 인정받지 못하는 경우가 발생합니다. 이러한 상황에서 옐로우는 그들이 갈망하는 긍정적인 반응과 지지를 상징적으로 나타냅니다. 즉, 옐로우는 개인이 느끼는 피드백의 결핍을 보완하고자 하는 욕구를 반영하는 색상으로 자리 잡습니다. 이처럼 옐로우는 개인의 심리적 필요를 충족시키는 중요한 요소로 작용합니다.

결정을 하기 힘든 상태에서의 옐로우 컬러에 대한 끌림은 불안과 혼란을 줄이고, 마음을 가볍게 해주는 효과가 있습니다. 선택에 대한 두려움이나 스트레스를 느끼는 개인은 옐로우의 따뜻한 느낌을 통해 자신감을 얻고, 보다 명확한 사고를 할 수 있는 환경을 조성하려고 합니다. 옐로우의 분석적이고 합리적인 에너지를 자극하여, 선택의 순간에 필요한 긍정적인 사고를 촉진합니다. 이러한 과정은 개인이 보다 나은 결정을 내릴 수 있도록 돕고, 삶의 질을 향상시키는 데 기여합니다.

옐로우 색상에 대한 끌림은 독립적으로 자신의 삶에 주인공이 되고 싶다는 심리를 깊이 있게 표현합니다. 이는 개인이 자신의 삶에서 주체성을 찾고, 긍정적인 에너지를 통해 새로운 가능성을 탐색하고자 하는 욕구의 상징으로 작용하며, 그들이 원하는 삶을 실현하기 위한 여정에서 중요한 역할을 합니다. 이러한 심리는 결국 자신을 발견하고, 진정한 자아를 실현하는 과정에서 옐로우가 제공하는 밝은 빛과 같은 존재로 자리 잡게 됩니다. 이 과정에서 옐로우는 단순한 색상을 넘어, 개인의 삶에 대한 새로운 시각과 가능성을 열어주는 중요한 요소로 작용하게 됩니다. 이러한 색상에 대한 끌림은 결국 개인이 자신의 삶을 주도적으로 살아가고, 진정한 자아를 찾기 위한 여정에서 필수적인 동력이 되는 것입니다. 옐로우는 개인의 내면을 비추는 빛과 같은 역할을 하며, 그들이 원하는 삶을 향해 나아가는 데 있어 중요한 지침이 될 수 있습니다.

 그린이 끌리는 컬러심리

그린 컬러는 자연을 떠올리게 하는 색상으로, 편안함과 휴식을 제공하는 심리를 반영합니다. 현대사회에서 우리는 지속적인 스트레스와 긴장 속에서 살아가고 있으며, 이러한 환경은 우리의 정신적, 정서적 건강에 부정적인 영향을 미칠 수 있습니다. 특히, 도시 생활의 복잡함과 빠른 속도는 사람들에게 심리적 압박을 가중시키고, 이는 종종 불안과 우울감으로 이어질 수 있습니다. 이러한 상황에서 그린 컬러는 스트레스를 완화하고 마음을 안정시키는 데 중요한 역할을 합니다. 예를 들어, 그린 컬러가 가득한 공간에 들어가면 시각적으로 편안함을 느끼게 되고, 이는 자연스럽게 긴장을 풀고 휴식을 취하고자 하는 욕구를 자극합니다. 이러한 이유로 많은 사람들이 그린 컬러를 선호하며, 이를 통해 심리적 안식을 찾고자 합니다. 그린 컬러는 단순한 색상을 넘어 사람들에게 안정감과 평화를 제공하는 중요한 요소로 작용합니다.

그린 컬러는 또한 인간관계에서의 균형을 추구하는 심리를 나타냅니다. 이 색상은 자연과의 연결을 상징하며, 조화와 안정감을 제공합니다. 인간관계는 다양한 감정과 상호작용으로 이루어져 있으며, 그린 컬러는 이러한 복잡한 관계 속에서 균형을 찾고자 하는 욕구를 나타냅니다. 그린 컬러는 타인을 공정하게 배려하고, 서로의 감정을 이해하는 데 도움을 줍니다. 이는 갈등을 줄이고 긍정적인 상호작용을 촉진하는 데 기여합니다. 그린 컬러가 주는 안정감은 사람들로 하여금 서로의 차이를 존중하고 공감할 수 있는 환경을 조성하게 하며, 이는 건강한 인간관계를 형성하는 데 필수적인 요소입니다.

혼자만의 공간에서 조용히 휴식할 필요가 있을 때도 그린 컬러가 끌리게 됩니다. 현대인의 삶은 바쁘고 복잡하여 때때로 혼자만의 시간이 필요합니다. 이럴 때 그린 컬러는 고요함과 평화를 제공합니다. 개인의 공간에서 그린 컬러를 접하게 되면, 사람들은 자신을 돌아보고 내면의 목소리를 듣고자 하는 욕구를 느끼게 됩니다. 이 색상은 개인의 사적인 공간을 더욱 아늑하고 편안하게 만들어 주어, 자신을 재충전하고 새로운 에너지를 얻는 데 도움을 줍니다. 그린 컬러는 이러한 혼자만의 시간을 더욱 의미 있게 만들어 주며, 개인의 성장과 자기 발견을 촉진하는 데 기여합니다. 이러한 과정은 사람들에게 내면의 평화를 찾고, 자신을 이해하는 데 중요한 역할을 합니다.

또한, 그린 컬러는 이사, 이직, 이민 등 공간의 이동과 관련된 심리를 반영하는 색상으로, 새로운 환경에 적응해야 하는 부담감과 불안감을 완화하는 데 중요한 역할을 합니다. 이는 새로운 직장이나 거주지에서 느끼는 불안을 줄이고, 마음의 평화를 가져다줍니다. 새로운 환경에 적응하는 과정은 종종 스트레스를 동반하지만, 그린 컬러는 이러한 불안감을 덜어주고 안정감을 제공합니다. 더불어, 그린 컬러는 사회적 상호작용을 촉진하는 역할도 합니다. 새로운 환경에서는 다양한 사람들과의 관계를 새롭게 형성해야 하는데, 그린 컬러는 사람들 간의 소통을 원활하게 하고 서로의 감정을 이해하는 데 도움을 줍니다. 이러한 따뜻함과 친근함은 새로운 동료나 이웃들과의 관계를 쉽게 형성할 수 있도록 하여, 새로운 환경에 적응하는 데 중요한 요소로 작용합니다.

블루가 끌리는 컬러심리

블루는 평온함을 추구하는 심리를 반영하는 색상으로, 많은 사람에게 깊은 매력을 느끼게 합니다. 이 색상은 차분하고 안정적인 느낌을 주며, 심리적 안정감을 제공하는 데 중요한 역할을 합니다. 특히 블루는 자연에서 자주 발견되는 색으로, 하늘과 바다의 색을 연상시켜 사람들에게 편안함과 안정감을 느끼게 합니다. 이러한 색상은 스트레스를 줄이고 마음을 진정시키는 효과가 있어 불안이나 긴장을 느끼는 상황에서 블루의 존재는 큰 위안이 됩니다. 블루는 일상에서의 스트레스와 불안을 해소하고자 하는 사람들에게 매력적으로 다가오며, 그들의 심리적 안정감을 찾는 데 기여합니다.

또한, 블루 컬러가 끌리는 이유 중 하나는 책임감이 부여될 때 신뢰, 안정성 그리고 전문성을 상징하기 때문입니다. 블루는 차분함을 제공하여 스트레스와 압박감을 완화하고, 개인이 자신의 책임을 효과적으로 수행할 수 있도록 돕습니다. 이 색상은 신뢰의 상징으로 작용하여 개인이 맡은 역할에 대한 자신감을 높이고, 타인에게도 신뢰를 주고자 하는 경향을 강화합니다. 이성적이고 논리적인 판단이 중요한 책임감 있는 상황에서 블루는 이러한 사고를 촉진하며, 전문성을 강조하여 개인이 자신의 역할을 더욱 진지하게 받아들이도록 유도합니다. 따라서 블루 컬러는 책임감이 요구되는 상황에서 자연스럽게 받아들이고 수행하는 데 도움을 줄 수 있습니다.

블루가 끌리는 또 다른 이유는 소통의 필요성을 반영하기 때문입니다. 블루는 종종 신뢰와 소통을 상징하는 색으로 여겨지며, 사람들 간의 관계를 더욱 원활하게 만들어 주는 역할을 합니다. 현대사회에서 사람들은 종종 소통의 부재 또는 불통으로 인해 답답함을 느끼기도 합니다. 블루는 이러한 불통의 감정을 상징적으로 표현하며, 사람들은 블루를 통해 자신의 생각과 감정을 드러내고 싶어 합니다. 이 색상은 소통의 부재로 인한 고립감을 덜어주는 역할을 하며, 사람들은 블루를 통해 자신의 내면을 표현하고자 하는 욕구를 느낍니다. 이러한 이유로 블루는 사람들에게 생각과 감정의 표현과 소통을 촉진하는 중요한 역할을 합니다.

　마지막으로, 블루 컬러는 계획한 대로 일이 진행되지 않아 오는 스트레스를 반영하기도 합니다. 인생에서의 불확실성과 계획의 실패는 많은 사람에게 스트레스를 유발하는 요소입니다. 블루는 이러한 스트레스를 완화하는 색으로 작용할 수 있으며, 사람들은 블루를 통해 자신의 감정을 정리하고 안정감을 찾고자 합니다. 이 색상은 계획의 불확실성 속에서 마음의 평화를 찾고자 하는 사람들에게 매력적으로 다가오는 색상입니다. 블루는 이러한 감정의 정리를 도와주며, 개인이 자신의 내면을 탐구하고 불확실한 상황에서도 안정감을 느낄 수 있도록 돕는 중요한 역할을 합니다.

로얄블루가 끌리는 컬러심리

　로얄블루에 대한 끌림은 여러 심리적 특성에 뿌리를 두고 있으며, 특히 생각의 정리가 필요한 순간에 더욱 두드러지게 나타납니다. 이 색상은 깊고 풍부한 색조로, 시각적으로 안정감을 제공하여 마음을 차분하게 만들어 줍니다. 복잡한 생각이나 감정이 얽힌 상황에서 로얄블루는 마음을 진정시키고 명확한 사고를 유도하여 문제 해결에 도움을 줍니다. 차분함과 평온함을 상징하는 로얄블루는 생각을 정리하는 데 필수적인 감정을 불러일으키며, 안정된 상태에서 더 논리적이고 창의적인 사고를 가능하게 합니다. 이러한 특성 덕분에 로얄블루는 많은 사람이 복잡한 상황에서 선호하는 색상으로 자리 잡고 있습니다.

　또한, 로얄블루는 자신의 사회적 위치를 돋보이게 하고 타인에게 긍정적인 인상을 남기고자 하는 욕구와도 깊은 연관이 있습니다. 중요한 행사나 모임에서 로얄블루의 의상이나 액세서리를 선택하는 것은 고급스러움을 강조하려는 의도의 표현일 수 있습니다. 이 색상은 사회적 지위나 성공을 상징하기도 하며, 이는 개인이 사회적 관계에서 자신을 더욱 가치 있게 느끼고자 하는 심리적 욕구와 연결됩니다. 로얄블루는 사람들에게 자신감을 주고, 타인과의 관계에서 긍정적인 이미지를 구축하는 데 기여합니다. 이러한 이유로 로얄블루는 비즈니스 환경이나 공식적인 자리에서도 자주 선택되는 색상입니다.

고립된 상태에서 로얄블루가 내면을 반영하는 심리적 이유는 색채가 인간의 감정과 심리에 미치는 영향과 관련이 있습니다. 로얄블루는 안정감과 신뢰를 상징하며, 고립된 상황에서는 개인이 자신의 감정과 생각을 깊이 성찰하게 됩니다. 이때 로얄블루의 차분한 특성은 내면의 불안이나 혼란을 진정시키고, 자기 인식을 촉진하는 역할을 합니다. 고독 속에서도 고귀함과 자아의 가치를 상기시켜 주는 로얄블루는 고립된 개인이 자신의 내면을 탐구하고 긍정적인 자아 이미지를 형성하는 데 도움을 줄 수 있습니다. 이러한 이유로 고립된 상태에서 로얄블루는 내면을 반영하는 중요한 심리적 요소로 작용하게 됩니다.

집중해서 한 가지 고민에 몰두할 때 로얄블루는 그 상황을 효과적으로 반영하는 색상으로 작용합니다. 이 색상은 깊고 진중한 느낌을 주어 사고의 깊이와 집중력을 상징합니다. 로얄블루는 고요함과 안정감을 제공하여 개인이 복잡한 문제에 몰두할 수 있는 환경을 조성합니다. 고민에 빠져있을 때 사람들은 종종 외부의 자극을 차단하고 내면의 세계로 들어가게 되는데, 로얄블루는 이러한 내적 집중 상태를 시각적으로 표현합니다. 또한, 로얄블루는 감정의 깊이를 나타내며, 개인이 자신의 생각과 감정을 정리하고 분석하는 데 도움을 줍니다. 따라서 로얄블루는 집중과 몰두의 상태를 상징적으로 나타내며, 고민에 대한 깊은 성찰을 촉진하는 역할을 합니다.

바이올렛이 끌리는 컬러심리

현실과 이상의 차이에서 불안감을 느낄 때, 바이올렛이 끌리는 이유는 이 색상이 지니고 있는 신비로움과 영적 깊이에 있습니다. 바이올렛은 종종 상상력과 창의성을 자극하는 색으로, 개인이 자신의 내면세계를 탐구하고, 현실의 제약을 넘어서는 데 도움을 줍니다. 이러한 색상은 불안한 감정을 완화하고, 이상적인 상태에 대한 갈망을 표현하는 매개체가 될 수 있습니다. 바이올렛은 또한 고요함과 안정감을 제공하여, 복잡한 감정 속에서도 자신을 찾고, 새로운 가능성을 모색할 수 있는 공간을 만들어 줍니다. 이처럼 바이올렛은 불안한 순간에 사람들에게 위안과 영감을 주며, 현실과 이상의 간극을 메우는 데 필요한 심리적 지지 역할을 합니다.

바이올렛은 변화와 전환을 상징하는 색으로, 새로운 환경이나 상황에 적응하는 과정에서 긍정적인 영향을 미칠 수 있습니다. 이 색은 개인이 새로운 경험을 수용하고, 변화에 대한 두려움을 극복하도록 도와줄 수 있습니다. 따라서 현실에서 적응이 필요할 때 바이올렛 컬러는 희망과 가능성을 상징하는 역할을 할 수 있습니다.

바이올렛은 창의성과 독창성을 자극하는 색으로, 개인의 상상력과 감성을 풍부하게 할 수 있습니다. 이 색상은 예술과 디자인에서 자주 사용되며, 사람들에게 영감을 주고 창의적인 사고를 촉진하는 데 도움을 줄 수 있습니다. 바이올렛에 대한 끌림은 개인이 새로운 아이디어나 창의적인 표현을 탐구하고자 할 때 나타날 수 있습니다. 예를 들어, 예술가나 작가가 바이올렛을 선호하는 것은 그 색상이 주는 독창적인 느낌을 통해 자신의 작업에 깊이를 더하고자 하는 의도일 수 있습니다. 또한, 바이올렛은 감정의 깊이를 표현하는 데 중요한 역할을 하며, 이는 개인이 자신의 감정을 탐구하거나 표현하고자 할 때 끌림을 느끼는 이유 중 하나입니다.

목표를 달성하고자 할 때 바이올렛 색상이 끌리는 이유는 이 색상이 지닌 독특한 의미와 감정적 영향을 반영합니다. 바이올렛은 종종 영적 성장과 자기 발견을 상징하며, 개인이 자신의 목표를 명확히 하고 내면의 힘을 찾는 데 도움을 줍니다. 이 색상은 창의성과 직관을 자극하여 새로운 가능성을 탐색하도록 유도하며, 목표를 향한 여정에서의 도전과 변화를 수용하는 데 필요한 용기를 제공합니다. 또한, 바이올렛은 고귀함과 우아함을 나타내어, 사람들에게 긍정적인 에너지를 불어넣고, 사회적 유대감을 강화하는 역할을 합니다. 이러한 특성 덕분에 많은 사람들이 목표 달성을 위해 바이올렛 색상에 끌리게 됩니다.

마젠타가 끌리는 컬러심리

인간적으로 해결하기 힘든 상황에 봉착했을 때, 많은 이들은 신의 존재를 찾고 기도를 통해 심리적 안정을 추구하게 됩니다. 이와 유사하게, 마젠타 색상에 대한 끌림 역시 이러한 심리적 필요에서 비롯됩니다. 어려운 시간 동안 마젠타는 정서의 치유와 재충전을 나타내며, 내적인 갈등과 불안감을 누그러뜨리는 데 기여할 수 있습니다. 이 색상은 단순한 색을 넘어서서, 인간의 감정과 심리를 자극해 고난의 시간을 견디게 해주는 희망과 위안을 제공합니다.

마젠타는 인간의 내면 깊숙한 곳에서 우러나오는 감정의 표현으로 자리 잡고 있으며, 힘든 시기를 극복하기 위한 심리적 지지의 상징으로 기능합니다. 이 색상은 창의성과 혁신을 상징하며, 새로운 아이디어나 변화를 추구하는 욕구를 자극합니다. 일상에서 벗어나 새로운 경험이나 도전을 원할 때, 마젠타는 그러한 욕구를 표현하는 색상으로 작용할 수 있습니다. 마젠타에 대한 끌림은 개인이 현재의 상황에서 벗어나고자 하는 내면의 갈망을 반영하며, 이는 새로운 시작이나 변화를 모색하는 과정에서 자연스럽게 나타날 수 있는 현상입니다.

마젠타는 감정의 표현과 관련이 깊습니다. 이 색상은 종종 강렬한 감정을 나타내며, 사랑과 열정뿐만 아니라 슬픔과 상실을 상징하기도 합니다. 공허감을 느끼는 사람은 종종 내면의 감정을 표현할 방법을 찾지 못해 고통스러워합니다. 특히 자신의 모든 것을 다 내어주어 공허해진 경우, 자신을 타인에게 쏟아붓는 과정에서 개인의 정체성과 감정이 소외될 수 있습니다. 이때 마젠타는 그러한 공허함을 채워줄 수 있는 따뜻함과 생동감을 제공합니다. 마젠타 컬러는 그들의 복잡한 감정을 시각적으로 표현할 수 있는 매개체가 될 수 있으며, 개인이 자신의 감정을 이해하고 이를 외부로 드러내고자 하는 욕구의 반영일 수 있습니다. 즉, 공허감을 느끼는 상황에서 마젠타는 그 감정을 인식하고 수용하는 데 도움을 줄 수 있는 색상으로 작용할 수 있습니다.

또한, 너무 많은 에너지를 쏟고 탈진했을 때 마젠타 컬러가 끌리는 이유는 이 색상이 심리적으로 긍정적인 자극을 주기 때문입니다. 마젠타의 색상은 시각적으로 강렬한 인상을 남기며, 이러한 강렬함은 피로감과 무기력함을 느끼는 상태에서 새로운 에너지를 불어넣는 역할을 합니다. 마젠타는 창의성과 상상력을 자극하는 색으로 알려져 있어, 탈진 상태에서 벗어나고자 하는 욕구를 자극하며, 회복의 과정에서 필요한 동기부여를 제공합니다. 따라서 마젠타는 탈진한 상태에서 긍정적인 변화를 추구하는 데 있어 매력적인 색상으로 작용하게 됩니다.

마젠타는 강렬한 감정을 자극하며, 사랑과 열정, 그리고 긍정적인 변화의 상징으로 여겨집니다. 따라서, 인생에서 소중한 인연을 만나거나 행운이 따라주게 될 때, 마젠타는 이러한 긍정적인 감정을 더욱 부각시키고 강화하는 색상으로 작용합니다. 개인은 마젠타 컬러를 통해 자신의 성취와 긍정적인 경험을 시각적으로 표현하고, 이를 통해 내면의 기쁨과 만족감을 더욱 깊이 느끼게 됩니다. 마젠타 컬러에 대한 끌림은 개인이 긍정적인 경험을 통해 얻은 자아의 확립과 감정의 표현을 반영하며, 이는 심리적 안정과 행복감을 더욱 강화하는 데 기여합니다. 이러한 과정은 개인이 자신의 감정을 이해하고 수용하는 데 도움을 주며, 마젠타는 그 여정에서 중요한 역할을 하게 됩니다.

핑크가 끌리는 컬러심리

스스로 사랑하지 못하는 상태는 종종 낮은 자존감, 자기비판, 그리고 정서적 고립감을 동반합니다. 이러한 감정은 개인이 자신의 가치를 인정하지 못 하게 만들고, 결과적으로 외부에서 사랑과 애정을 찾으려는 경향을 강화합니다. 이때 핑크 컬러는 그 자체로 감정적 위안과 안정감을 제공하는 역할을 하게 됩니다. 핑크는 부드럽고 따뜻한 느낌을 주어, 개인이 느끼는 고독감이나 불안감을 완화시키는 데 도움을 줄 수 있습니다. 핑크는 사랑과 애정의 상징으로 널리 여겨지며, 이 색상은 종종 로맨틱한 감정이나 친밀한 관계를 연상시키는 데 큰 역할을 합니다. 많은 사람들은 핑크 컬러를 통해 따뜻한 감정을 느끼고자 하며, 핑크에 대한 끌림은 개인이 사랑이나 애정, 혹은 친밀한 관계에 대한 갈망을 느끼고 있다는 신호일 수 있습니다. 특히 외로움이나 고립감을 느끼는 상황에서는 핑크가 제공하는 따뜻함과 안정감이 더욱 매력적으로 다가올 수 있습니다. 이는 핑크가 주는 감정적 위안이 개인의 심리적 필요를 충족시키는 데 기여하기 때문입니다. 이러한 감정적 연결은 핑크가 사람들에게 주는 긍정적인 영향을 더욱 부각시킵니다.

또한, 핑크는 어린 시절의 순수함과 무구함을 상징하기도 합니다. 많은 사람들은 핑크 컬러를 통해 어린 시절의 행복한 기억이나 순수한 감정을 떠올리곤 합니다. 이러한 회상은 개인에게 안정감과 편안함을 제공하며, 일상에서의 스트레스나 압박감에서 벗어나고자 하는 욕구를 자극할 수 있습니다. 따라서 핑크 컬러에 대한 끌림은 과거의 긍정적인 경험을 회상하고, 그로 인해 심리적 안정을 찾고자 하는 내면의 갈망을 반영할 수 있습니다. 이러한 회상은 개인의 정서적 안정성을 높이는 데 중요한 역할을 하며, 핑크가 주는 감정적 효과는 사람들의 삶에 긍정적인 영향을 미칠 수 있습니다.

육아를 하거나 사랑을 하고 있을 때 핑크 컬러에 끌리는 이유는 이 색상이 지니고 있는 따뜻함과 부드러움, 그리고 애정의 상징성에 기인합니다. 핑크는 일반적으로 사랑, 친밀감, 그리고 보호의 감정을 불러일으키는 색상으로 인식되며, 이는 특히 육아와 사랑의 관계에서 중요한 역할을 합니다. 육아는 부모와 자녀 간의 깊은 유대감을 형성하는 과정으로, 이 과정에서 핑크 컬러는 안전하고 따뜻한 환경을 제공하는 데 기여합니다. 핑크는 아기와 같은 순수함과 무구함을 상징하며, 부모가 자녀에게 느끼는 사랑과 애정의 감정을 시각적으로 표현하는 데 적합합니다. 또한, 핑크는 스트레스를 줄이고 마음을 편안하게 해주는 효과가 있어, 육아의 어려움 속에서도 긍정적인 감정을 유지하는 데 도움을 줍니다. 이러한 이유로 핑크는 부모와 자녀 간의 관계를 더욱 깊고 의미 있게 만들어 주는 색상으로 자리 잡고 있습니다.

사랑을 할 때도 핑크 컬러는 서로 간의 애정과 친밀감을 더욱 강조하는 역할을 합니다. 이 색상은 로맨틱한 분위기를 조성하고, 파트너 간의 감정적 연결을 강화하는 데 기여합니다. 핑크는 사랑의 감정을 시각적으로 표현하며, 서로에 대한 애정과 존중을 상기시켜 주는 색상으로 작용합니다. 이러한 특성 덕분에 핑크는 연인들 사이에서 특별한 의미를 지니며, 사랑의 감정을 더욱 깊이 있게 만들어 주는 요소로 작용합니다. 핑크 컬러는 사랑의 순간들을 더욱 특별하게 만들어 주며, 사람들 간의 관계를 더욱 풍부하고 의미 있게 만들어 주는 중요한 역할을 합니다.

Chapter 08

- 다이어트 컬러테라피
- 인테리어 컬러테라피
- 패션 컬러테라피
- 조명 컬러테라피
- 명상 컬러테라피
- 아트 컬러테라피

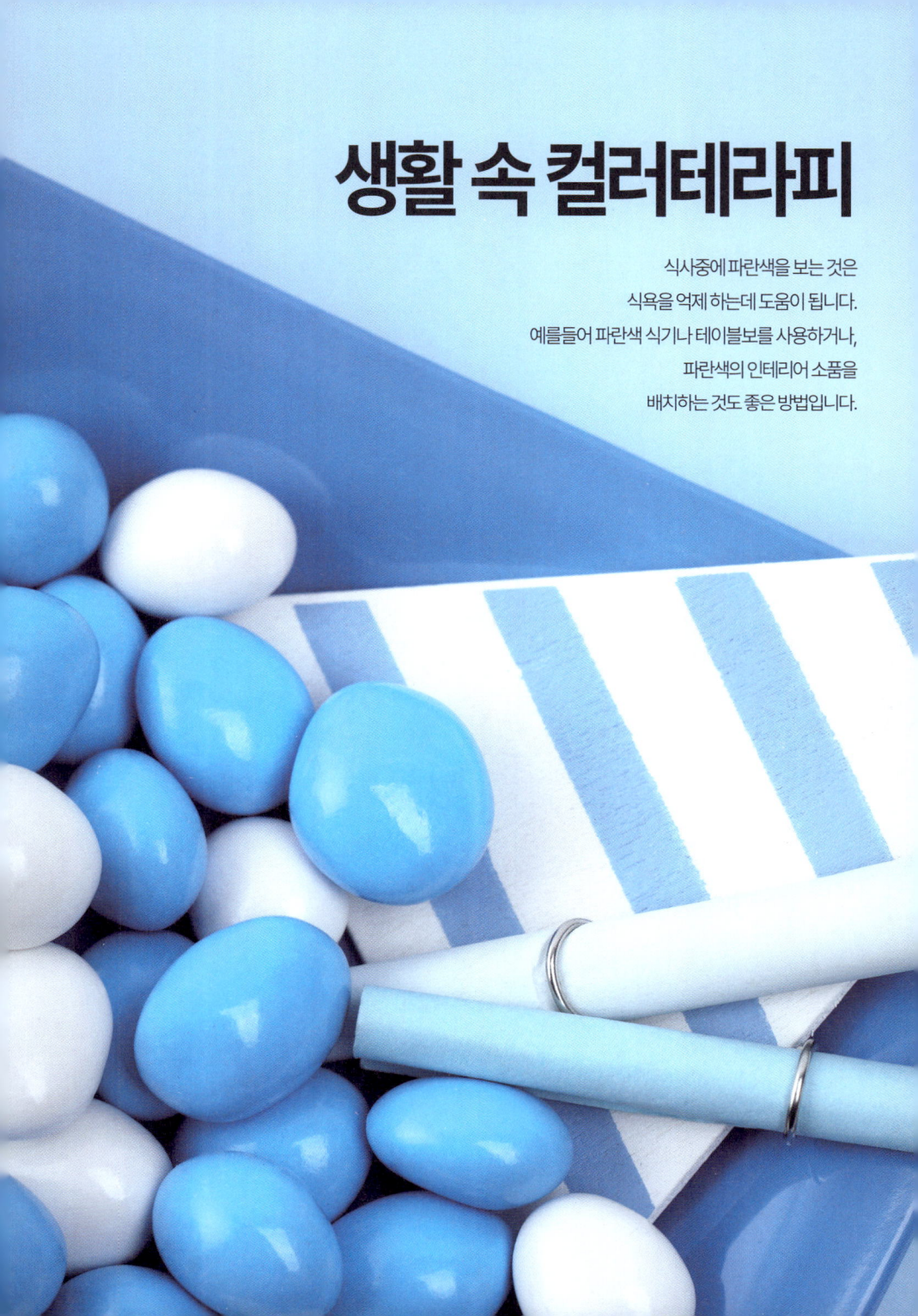

생활 속 컬러테라피

식사중에 파란색을 보는 것은
식욕을 억제 하는데 도움이 됩니다.
예를들어 파란색 식기나 테이블보를 사용하거나,
파란색의 인테리어 소품을
배치하는 것도 좋은 방법입니다.

컬러는 우리의 감정과 심리적 상태에 깊은 영향을 미치는 요소로, 이는 단순한 시각적 경험을 넘어 신체적 반응까지 연결됩니다. 특히, 컬러가 인간의 긴장과 이완 상태를 어떻게 형성하는지를 이해하기 위해 도나스(Donance)라는 개념을 살펴볼 필요가 있습니다. 도나스는 색이나 빛에 의한 근육의 긴장도를 나타내며, 이는 우리의 신체적, 정서적 반응을 이해하는 데 중요한 역할을 합니다.

도나스는 컬러가 우리의 근육 긴장도에 미치는 영향을 수치로 나타내는 개념으로, 이를 통해 우리는 특정 색상이 우리의 신체적 반응에 어떤 영향을 미치는지를 알 수 있습니다. 예를 들어, 파스텔 컬러나 블루 컬러를 바라볼 때 도나스 수치는 정상치 또는 이완 상태로 나타납니다. 이러한 색상은 차분하고 안정적인 느낌을 주어, 사람들의 긴장을 완화시키는 데 도움을 줍니다. 이는 파란색이 자연과 하늘을 연상시키며, 사람들에게 편안함과 안정감을 제공하기 때문입니다.

반면, 녹색은 다소 긴장 상태를 유발하며 도나스 수치가 상승하는 경향이 있습니다. 녹색은 자연을 상징하는 색이지만, 그 강도나 명도에 따라 긴장감을 유발할 수 있습니다. 또한, 옐로우와 오렌지 색상으로 갈수록 긴장 상태가 완만하게 상승하며, 이는 이 색상들이 에너지를 상징하고 활력을 주기 때문입니다. 특히, 빨간색은 가장 긴장하는 색으로 알려져 있으며, 라이트 도나스 수치는 가장 높은 수치를 기록합니다. 빨간색 방에 있으면 눈을 감고 있어도 몸은 긴장하고 흥분 상태가 되어, 자고 있어도 빨간 이불과 시트에서는 몸이 편안하게 쉬지 못하는 경우가 많습니다.

이러한 컬러의 효과는 단순히 시각적인 경험에 그치지 않고, 우리의 신체적 반응과 밀접하게 연결되어 있습니다. 컬러는 우리의 뇌파와 발한 등 생리적 반응에도 영향을 미치며, 이는 도나스 수치를 통해 측정할 수 있습니다. 예를 들어, 파란색은 이완 상태를 유도하여, 자고 있어도 몸을 편안하게 만드는 효과가 있습니다. 이러한 색상은 사람들에게 안정감을 주고, 긴장을 완화시키는 데 기여합니다.

컬러는 우리의 일상생활에서 끊임없이 영향을 미치며, 우리는 무의식적으로 색을 보며 이완과 긴장을 반복하고 있습니다. 예를 들어, 사무실의 벽 색상이나 가정의 인테리어 색상은 우리의 작업 효율성과 휴식의 질에 큰 영향을 미칠 수 있습니다. 따라서, 컬러의 선택은 단순한 미적 요소를 넘어 우리의 심리적, 신체적 건강에 중요한 역할을 합니다.

☁ 다이어트 컬러테라피

다이어트는 많은 사람들이 목표로 삼는 중요한 과제 중 하나입니다. 그러나 다이어트를 성공적으로 수행하기 위해서는 단순히 식단 조절이나 운동만으로는 부족할 수 있습니다. 이때, 컬러의 힘을 활용한 컬러심리가 다이어트에 긍정적인 영향을 미칠 수 있습니다. 특히 파란색은 식욕을 억제하는 데 효과적인 색으로 알려져 있습니다.

파란색은 식욕을 감퇴시키는 색 중 하나로, 이를 잘 활용하면 다이어트에 큰 도움이 될 수 있습니다. 파란색은 자연에서 흔히 볼 수 있는 색으로, 하늘과 바다를 연상시키며 사람들에게 안정감과 평온함을 제공합니다. 이러한 특성 덕분에 파란색은 마음을 진정시키는 작용을 하여, 다이어트를 하는 동안 느끼는 초조감이나 스트레스를 줄이는 데 효과적입니다. 다이어트는 종종 심리적인 부담을 동반하기 때문에, 이러한 부담을 덜어주는 컬러의 힘은 매우 중요합니다.

식사 중에 파란색을 보는 것은 식욕을 억제하는 데 도움이 됩니다. 예를 들어, 파란색 식기나 테이블보를 사용하거나, 파란색의 인테리어 소품을 배치하는 것도 좋은 방법입니다. 이러한 환경에서 식사를 하게 되면, 자연스럽게 식욕이 줄어들고, 느긋하게 마음을 안정시킬 수 있습니다. 또한, 파란색을 보면서 호흡과 긴장을 완화시키는 것은 다이어트에 긍정적인 영향을 미칠 수 있습니다. 식사 중에 배가 부르다고 느낄 때, 파란색을 바라보며 마음을 가라앉히고, 음식을 남기는 용기를 갖는 것이 중요합니다.

또한, 주방의 조명도 식욕에 영향을 미칠 수 있습니다. 많은 사람들이 주방에 따뜻한 빛의 백열등을 사용하지만, 이러한 조명은 식욕을 자극할 수 있습니다. 대신, 청백형광등과 같은 차가운 색의 조명으로 바꾸면 식욕을 억제하는 데 도움이 됩니다. 차가운 색의 조명은 시각적으로 식욕을 감소시키고, 식사 중에 더 적은 양을 섭취하도록 유도할 수 있습니다.

결론적으로, 다이어트를 위한 컬러심리는 매우 유용한 도구가 될 수 있습니다. 파란색을 활용하여 식욕을 억제하고, 마음을 진정시키는 방법은 다이어트를 보다 효과적으로 수행하는 데 큰 도움이 됩니다. 또한, 주방의 조명을 조절함으로써 식욕을 관리하는 것도 좋은 전략입니다. 이러한 컬러의 힘을 이해하고 활용함으로써, 다이어트의 성공 가능성을 높일 수 있을 것입니다.

☁ 인테리어 컬러테라피

컬러테라피는 색상이 인간의 감정과 심리에 미치는 영향을 활용하여 공간의 분위기를 조성하고, 사람들의 기분을 개선하는 방법입니다. 인테리어에도 다양하게 컬러를 활용할 수 있습니다.

블루는 차분함과 안정감을 주는 색상으로, 주로 침실이나 휴식 공간에 사용됩니다. 이 색상은 심리적으로 스트레스를 줄이고, 마음을 진정시키는 효과가 있어, 수면의 질을 향상시키는 데 도움을 줍니다. 예를 들어, 블루 톤의 벽면과 함께 부드러운 조명을 사용하면, 편안한 분위기를 조성하여 긴 하루의 피로를 잊고 휴식을 취할 수 있는 공간을 만들어 줍니다. 또한, 블루는 집중력을 높이는 데도 효과적이므로, 홈 오피스나 학습 공간에서도 적합합니다. 이러한 블루 컬러의 활용은 사람들에게 안정감을 주고, 일상에서의 스트레스를 해소하는 데 큰 도움이 됩니다. 다만, 아이를 기다리는 신혼부부는 핑크색 침구 세트가 도움이 됩니다.

옐로우는 밝고 활기찬 느낌을 주는 색상으로, 주로 주방이나 거실과 같은 사회적 공간에 적합합니다. 이 색상은 긍정적인 에너지를 불러일으키고, 창의성을 자극하는 효과가 있어, 가족이나 친구들과의 소통을 촉진합니다. 예를 들어, 옐로우 컬러의 포인트 벽이나 가구를 배치하면, 공간이 더욱 생동감 있게 변하며, 사람들의 기분을 밝게 만들어 줍니다. 또한, 자연광과 잘 어우러져 따뜻한 느낌을 주기 때문에, 아침 식사나 가족 모임에 적합한 환경을 조성할 수 있습니다. 옐로우 컬러는 사람들에게 긍정적인 에너지를 주어, 일상적인 대화와 소통을 더욱 원활하게 만들어 줍니다.

그린은 자연과의 연결을 상징하는 색상으로, 안정감과 회복력을 제공합니다. 이 색상은 주로 거실이나 정원, 또는 실내 식물과 함께 사용되며, 자연의 요소를 실내로 끌어오는 효과가 있습니다. 그린 컬러는 시각적으로 편안함을 주고, 스트레스를 줄이는 데 도움을 주기 때문에, 일상에서의 피로를 회복하는 데 적합합니다. 예를 들어, 그린 톤의 벽면이나 가구를 사용하면, 자연의 느낌을 살리면서도 아늑한 분위기를 조성할 수 있습니다. 또한, 실내 식물과 함께 배치하면, 공기 정화 효과와 함께 더욱 건강한 환경을 만들어 줍니다. 그린 컬러는 사람들에게 자연과의 연결을 느끼게 하여, 심리적 안정감을 제공하는 데 큰 역할을 합니다.

레드는 열정과 에너지를 상징하는 색상으로, 주로 식당이나 운동 공간에 적합합니다. 이 색상은 사람들의 흥미를 유도하고, 대화를 촉진하는 효과가 있어, 사회적 상호작용이 중요한 공간에서 활용됩니다. 예를 들어, 레드 컬러의 포인트 벽이나 장식품을 사용하면, 공간이 더욱 활기차고 에너지가 넘치는 느낌을 줄 수 있습니다. 또한, 레드는 식욕을 자극하는 색상으로, 주방이나 다이닝 룸에 적합하여, 가족이나 친구들과의 식사 시간을 더욱 즐겁게 만들어 줍니다. 레드 컬러는 사람들에게 강한 인상을 남기고, 활발한 소통을 유도하는 데 효과적입니다.

바이올렛은 고급스러움과 신비로움을 상징하는 색상으로, 주로 욕실이나 개인 공간에 사용됩니다. 이 색상은 편안함과 우아함을 동시에 제공하며, 휴식과 자기 성찰의 공간을 조성하는 데 적합합니다. 예를 들어, 바이올렛 톤의 타일이나 욕실용품을 사용하면, 고급스러운 분위기를 연출할 수 있으며, 일상에서의 스트레스를 해소하는 데 도움을 줍니다. 또한, 바이올렛은 창의성과 영감을 자극하는 색상으로, 개인적인 작업 공간이나 아트 스튜디오에서도 활용될 수 있습니다. 바이올렛 컬러는 사람들에게 독창적인 사고를 유도하고, 내면의 평화를 찾는 데 기여하는 색상입니다.

이처럼 컬러테라피는 인테리어 디자인에서 색상의 심리적 효과를 활용하여, 공간의 분위기를 조성하고 사람들의 감정을 긍정적으로 변화시키는 데 중요한 역할을 합니다. 각 색상이 지닌 특성을 이해하고 적절히 활용함으로써, 더욱 쾌적하고 행복한 생활 환경을 만들 수 있습니다. 색상은 단순한 시각적 요소를 넘어, 우리의 감정과 심리에 깊은 영향을 미치므로, 인테리어 디자인에서의 컬러 선택은 매우 중요합니다.

패션 컬러테라피

의상 색상 조합은 우리의 기분과 자신감에 직접적인 영향을 미칩니다. 먼저, 빨간색은 활기차고 외향적인 느낌을 주는 색상입니다. 이 색은 강렬한 에너지를 발산하며, 사람들의 시선과 관심을 끌어당기는 경향이 있습니다. 빨간색을 입는 것은 불꽃과 같은 열정, 격렬함, 그리고 강인함을 표현하고자 하는 의도를 내포할 수 있습니다. 이러한 색상을 선택하는 사람들은 대개 행동을 중시하고 극적인 반전을 즐기는 경향이 있습니다. 따라서 첫 만남에서 빨간색을 착용하는 것은 상대에게 강한 인상을 남길 수 있는 좋은 방법입니다. 그러나 회의와 같은 공식적인 자리에서는 바람직하지 않은 선택이 될 수 있습니다. 빨간색은 상대의 의사결정을 산만하게 할 수 있기 때문입니다. 이처럼 빨간색은 상황에 따라 긍정적이거나 부정적인 영향을 미칠 수 있는 복합적인 색상입니다.

오렌지색은 식욕과 즐거움을 환기하는 색상입니다. 이 색상은 따뜻하고 활기찬 느낌을 주어, 누군가와 함께 맛있는 음식을 먹으러 갈 때 적합합니다. 오렌지색을 입으면 상대와의 관계를 더욱 친밀하게 만들고 싶을 때, 또는 대화를 나누고 싶을 때 효과적입니다. 이 색상은 긍정적인 에너지를 발산하며, 사람들 간의 소통을 원활하게 해주는 역할을 합니다. 오렌지색은 또한 창의성과 활력을 상징하기 때문에, 새로운 아이디어를 공유하거나 협력할 때도 좋은 선택이 될 수 있습니다.

노란색은 지적이고 학구적인 사람들에게 자주 선택되는 색상입니다. 이 색상은 마음을 열고 상세한 것에 대한 관심을 자극하는 성질이 있습니다. 노란색은 태양과 가장 가까운 색으로, 빛을 가져오는 특징을 지니고 있습니다. 이러한 이유로 노란색은 긍정적이고 낙천적인 자질을 불러일으키는 경향이 있습니다. 노란색을 입는 것은 새로운 아이디어와 창의성을 자극하고, 사람들과의 소통을 원활하게 하는 데 도움을 줍니다. 또한, 합리적이고, 냉정한 판단을 유지하고 싶을 때 노란색을 선택하는 것이 좋습니다. 이 색상은 상황을 밝고 긍정적으로 바라보게 하여, 갈등을 해결하는 데 필요한 명확한 사고를 촉진합니다.

초록색은 침착함과 차분함을 상징하는 색상입니다. 초록색은 조화와 평정을 대변하며, 이 색상을 즐겨 입는 사람들은 전통적인 유형이 많습니다. 이들은 대개 사람들 사이에서 튀고 싶어 하지 않으며, 옳은 행동과 단정한 품행에 집착하는 경향이 있습니다. 초록색을 좋아하는 사람들은 자연과 그로 인해 발생하는 안정감을 즐기며, 주위 사람들과의 조화로운 관계를 중요시합니다. 이러한 이유로 초록색은 주변과의 조화가 필요한 경우에 큰 도움을 줍니다. 초록색을 착용함으로써, 사람들은 편안함과 안정감을 느끼게 하여, 긍정적인 상호작용을 이끌어 낼 수 있습니다.

파란색은 평화와 고요함을 상징하는 색상입니다. 파란색을 입는 것은 남에게 전혀 위협을 가하지 않는 상태를 표현하며, 이 색상을 선택하는 사람들은 충성과 정직을 소중한 가치로 여깁니다. 파란색은 지적인 느낌을 주고 싶을 때 매우 효과적입니다. 이 색상은 신뢰를 구축하고, 상대방에게 안정감을 제공하는 데 도움을 줍니다. 특히 클레임 대응 시 파란색을 착용하면, 상대방에게 신뢰를 주고 문제를 원활하게 해결하는 데 기여할 수 있습니다. 파란색은 또한 감정을 안정시키고, 차분한 이성적인 분위기를 조성하는 데 큰 역할을 합니다.

로얄블루는 진중함과 신뢰감을 상징하는 색입니다. 이 색을 입거나 사용할 때, 사람들은 자연스럽게 안정감과 신뢰를 느끼게 됩니다. 로얄블루는 종종 권위와 전문성을 나타내는 색으로 여겨지며, 비즈니스 환경이나 공식적인 자리에서 자주 사용됩니다. 이 색은 상대방에게 신뢰를 주고, 진지한 태도를 전달하는 데 도움을 줍니다. 따라서 중요한 회의나 발표, 또는 신뢰를 구축해야 하는 상황에서 로얄블루를 선택하는 것은 매우 효과적일 수 있습니다. 이 색은 또한 차분함과 집중력을 높여주어, 상대방과의 소통에서 긍정적인 영향을 미칠 수 있습니다.

바이올렛은 자존심, 위엄, 자긍심을 불러일으키는 색으로, 그 자체로도 강력한 메시지를 전달합니다. 카톨릭 사제들이 신성함과 겸손함을 나타내기 위해 이 색을 사용한 것은 그만큼 바이올렛이 지닌 깊은 의미를 잘 보여줍니다. 바이올렛은 풍요로움과 호화로움, 그리고 군주와의 연결성을 지니고 있어, 예술가들 사이에서도 사랑받는 색입니다. 이 색은 창의적이고 정신적인 면을 추구하는 자질을 상징하며, 감각적이고 우아한 인상을 주고 싶을 때 매우 유용합니다. 바이올렛을 선택함으로써 우리는 자신감을 가지고 독창성을 표현할 수 있으며, 상대방에게도 깊은 인상을 남길 수 있습니다.

　마젠타는 당당함과 섹시함을 동시에 전달하는 색입니다. 이 색은 강렬하고 대담한 느낌을 주어, 사람들에게 강한 인상을 남깁니다. 마젠타는 자신감과 매력을 동시에 표현할 수 있는 색으로, 특히 사회적 상황에서 주목받고 싶을 때 적합합니다. 이 색을 입으면 사람들은 자연스럽게 자신을 더 돋보이게 하고, 매력적인 존재로 인식될 수 있습니다. 마젠타는 또한 창의성과 개성을 강조하는 색으로, 자신을 표현하고자 하는 이들에게 많은 영감을 줄 수 있습니다.

　핑크색은 온화하고 상냥한 느낌을 전달합니다. 이 색상은 사랑, 애정, 연민의 감정을 불러일으키며, 상대방의 기분을 좋게 만드는 데 효과적입니다. 핑크색을 착용하면 상대의 보호 본능을 활성화할 수 있어, 친밀감과 따뜻함을 느끼게 합니다. 이러한 이유로 핑크색은 친구나 사랑하는 사람과의 만남에서 자주 선택되는 색상입니다. 핑크색은 부드러운 감정을 표현하고 싶을 때 적합한 색상으로, 사람들 간의 관계를 더욱 돈독하게 만들어 줄 수 있습니다.

☁ 조명 컬러테라피

　주거 공간에서 조명 컬러테라피는 가정의 분위기를 조성하고 가족

구성원들의 감정 상태를 개선하는 데 중요한 역할을 합니다. 예를 들어, 거실이나 가족이 모이는 공간에서는 따뜻한 노란색이나 오렌지색 조명을 사용하는 것이 좋습니다. 이러한 색상은 아늑하고 친근한 느낌을 주어 가족 간의 소통을 촉진하고, 스트레스를 줄이는 데 도움을 줄 수 있습니다. 특히, 저녁 시간에 이러한 따뜻한 조명을 사용하면 하루의 피로를 잊고 편안한 대화를 나누는 데 기여할 수 있습니다.

반면, 작업 공간이나 공부하는 방에서는 차가운 파란색 조명이 효과적입니다. 파란색은 집중력을 높이고, 정신을 맑게 해주는 효과가 있어 학습이나 업무에 적합합니다. 이러한 색상 조절을 통해 각 방의 용도에 맞는 감정적 환경을 조성할 수 있으며, 이는 가족의 전반적인 행복감과 안정감에 긍정적인 영향을 미칩니다. 또한, 조명의 밝기를 조절하여 시간대에 따라 분위기를 변화시키는 것도 좋은 방법입니다. 예를 들어, 아침에는 밝고 상쾌한 색조의 조명을 사용하고, 저녁에는 부드러운 색조로 전환하여 하루의 마무리를 도와줄 수 있습니다.

상업 공간에서도 조명 컬러테라피는 고객의 감정과 행동에 큰 영향을 미칠 수 있습니다. 레스토랑에서는 따뜻한 색조의 조명을 사용하여 손님들이 편안하게 느끼고, 더 오랜 시간 머물도록 유도할 수 있습니다. 예를 들어, 부드러운 금색이나 주황색 조명은 식사하는 동안의 대화를 촉진하고, 손님들이 더 많은 음식을 주문하도록 유도할 수 있습니다. 이러한 조명은 또한 음식의 색감을 더욱 돋보이게 하여 시각적인 즐거움을 더합니다.

반면, 카페나 바에서는 좀 더 생동감 있는 색상을 사용하여 활기찬 분위기를 조성합니다. 예를 들어, 밝은 빨간색이나 핑크색 조명은 에너지를 주고, 고객들이 즐거운 시간을 보낼 수 있도록 합니다. 이러한 색상은 특히 젊은 층의 고객들에게 매력적으로 작용하여, 소셜 활동을 촉진하는 데 기여할 수 있습니다. 또한, 소매점에서는 특정 색상의 조명을 통해 제품의 매력을 강조하고, 고객의 구매욕을 자극할 수 있습니다. 예를 들어, 화장품 매장에서는 부드러운 분홍색 조명을 사용하여 제품의 색감을 더욱 돋보이게 하고, 고객들이 제품을 사용해 보고 싶도록 유도할 수 있습니다. 이처럼 상업 공간에서의 조명 색상 선택은 고객 경험을 향상시키고, 매출 증대에 기여할 수 있습니다.

치료 및 웰빙 공간에서도 조명 컬러테라피는 중요한 역할을 합니다. 요가 스튜디오나 명상 공간에서는 부드러운 파스텔 색상 조명을 사용하여 편안하고 안정된 분위기를 조성합니다. 이러한 환경은 참가자들이 스트레스를 해소하고, 내면의 평화를 찾는 데 도움을 줍니다. 예를 들어, 연한 녹색이나 파란색 조명은 자연을 연상시키며, 심리적 안정감을 제공합니다. 이러한 색상은 참가자들이 깊은 호흡을 하고, 명상에 몰입할 수 있도록 도와줍니다.

또한, 병원이나 치료 센터에서는 특정 색상의 조명을 통해 환자들의 불안을 줄이고, 회복을 촉진할 수 있습니다. 예를 들어, 녹색 조명은 안정감을 주고, 치유의 이미지를 연상시켜 환자들에게 긍정적인 영향을 미칠 수 있습니다. 연구에 따르면, 자연광과 유사한 색온도의 조명은 환자들의 통증을 감소시키고, 회복 속도를 높이는데 기여할 수 있습니다. 이러한 조명은 환자들이 치료 과정에서 느끼는 불안감을 줄이고, 보다 긍정적인 마음가짐을 유지하도록 도와줍니다. 이처럼 치료 및 웰빙 공간에서의 조명 색상 선택은 환자들의 심리적 안정과 회복에 기여하는 중요한 요소입니다.

결론적으로, 조명 컬러테라피는 다양한 공간에서 사람들의 감정과 기분에 긍정적인 영향을 미치며, 각기 다른 목적에 맞게 활용될 수 있습니다. 이러한 접근은 개인의 삶의 질을 향상시키고, 사회적 상호작용을 증진시키는 데 기여할 수 있습니다.

☁ 명상 컬러테라피

명상에서 색상은 특정 감정이나 상태를 유도하는 중요한 요소로 작용합니다. 각 색상은 고유한 에너지를 가지고 있으며, 이는 사람의 기분과 감정에 직접적인 영향을 미칠 수 있습니다. 예를 들어, 파란색은 차분함과 안정감을 주며, 명상 중에 마음을 진정시키고 집중력을 높이는 데 도움을 줍니다. 반면, 노란색은 활력과 긍정적인 에너지를 상징하며, 우울한 기분을 개선하는 데 효과적입니다.

명상 중에 특정 색상을 시각화하는 것은 이러한 색상의 에너지를 몸과 마음에 통합하는 방법입니다. 예를 들어, 명상하는 동안 파란색 빛이 몸을 감싸고 있다고 상상하면, 그 색상이 가져다주는 안정감과 평화로운 느낌을 경험할 수 있습니다. 이러한 시각화는 명상의 깊이를 더하고, 감정적 치유를 촉진하는 데 기여합니다. 또한, 색상을 통해 특정한 감정을 불러일으키고, 이를 통해 명상 중에 원하는 상태로 나아갈 수 있도록 도와줍니다.

명상 공간의 색상은 명상의 효과를 극대화하는 데 중요한 역할을 합니다. 명상하는 장소의 조명과 색상은 참가자들의 감정 상태와 집중력에 직접적인 영향을 미치기 때문입니다. 예를 들어, 부드러운 녹색이나 파란색 조명은 자연을 연상시키며, 편안하고 안정된 분위기를 조성합니다. 이러한 색상은 명상 중에 마음을 진정시키고, 내면의 평화를 찾는 데 도움을 줍니다.

명상 공간의 벽이나 장식에 사용되는 색상도 중요합니다. 예를 들어, 따뜻한 베이지색이나 연한 핑크색은 아늑하고 친근한 느낌을 주어 참가자들이 편안하게 느끼도록 도와줍니다. 이러한 색상은 스트레스를 줄이고, 명상에 몰입할 수 있는 환경을 조성합니다. 반면, 너무 강렬한 색상은 주의를 분산시킬 수 있으므로, 명상 공간에서는 부드럽고 자연스러운 색상을 선택하는 것이 좋습니다. 이처럼 명상 공간의 색상 조절은 참가자들이 보다 효과적으로 명상에 집중하고, 심리적 안정감을 느낄 수 있도록 돕습니다.

명상과 컬러테라피를 결합하는 것은 심리적 치유와 웰빙을 증진시키는 효과적인 방법입니다. 컬러테라피는 특정 색상이 신체와 정신에 미치는 영향을 활용하여, 감정적 문제를 해결하고, 스트레스를 해소하는 데 도움을 줍니다. 명상 중에 컬러를 활용하면, 이러한 효과를 더욱 극대화할 수 있습니다.

예를 들어, 명상 세션에서 참가자들은 특정 색상을 선택하고, 그 색상이 자신에게 미치는 영향을 느끼며 명상할 수 있습니다. 이 과정에서 참가자들은 자신의 감정 상태를 인식하고, 필요한 색상을 통해 긍정적인 변화를 유도할 수 있습니다. 예를 들어, 우울한 기분을 느끼는 참가자는 노란색을 시각화하며, 그 색상이 가져다주는 활력과 긍정적인 에너지를 경험할 수 있습니다. 이러한 경험은 참가자들이 자신의 감정을 이해하고, 이를 극복하는 데 도움을 줍니다.

또한, 명상과 컬러테라피를 결합한 프로그램은 그룹 세션에서도 효과적입니다. 참가자들은 함께 색상을 시각화하고, 서로의 경험을 공유함으로써, 공동체의 일체감을 느끼고, 서로의 치유 과정을 지원할 수 있습니다. 이처럼 명상과 색상 치료의 결합은 개인의 심리적 안정과 공동체의 웰빙을 증진시키는 데 기여할 수 있습니다.

결론적으로, 명상을 활용한 컬러테라피는 색상의 심리적 효과를 통해 심신의 균형을 이루고, 스트레스를 해소하며, 긍정적인 에너지를 증진시키는 효과적인 방법입니다. 색상과 명상의 조화를 통해 개인의 삶의 질을 향상시키고, 내면의 평화를 찾는 곳인데 도움을 줄 수 있습니다.

☁ 아트 컬러테라피

컬러테라피는 색상을 활용하여 감정과 심리적 안정을 도모하는 방법으로, 다양한 예술 활동이 이 심리적으로 치유하는 데 도움을 줄 수 있습니다.

예술 활동은 개인이 자신의 감정을 표현할 수 있는 강력한 수단입니다. 많은 사람들은 언어로 자신의 감정을 설명하는 데 어려움을 겪습니다. 특히, 복잡한 감정이나 내면의 갈등을 언어로 풀어내기란 쉽지 않습니다. 그러나 그림을 그리거나 조각을 만들거나 음악을 작곡하는 등의 예술적 표현은 감정을 시각적 또는 청각적으로 드러낼 수 있는 기회를 제공합니다. 예를 들어, 색상을 선택하고 조합하는 과정에서 개인은 자신의 내면에 있는 감정을 탐구하게 됩니다. 특정 색상이 주는 느낌이나 감정은 개인마다 다르게 해석될 수 있으며, 이를 통해 자신이 느끼는 감정의 깊이를 이해하고 표현할 수 있습니다.

이러한 감정 표현은 스트레스를 해소하고, 내면의 갈등을 정리하는 데 도움을 주어 심리적 안정감을 증진시킵니다. 예술 활동을 통해 개인은 자신의 감정을 외부로 표출함으로써, 내면의 불안이나 고통을 덜어낼 수 있습니다. 예를 들어, 우울한 기분을 느끼는 사람은 어두운 색조의 그림을 그리며 자신의 감정을 시각적으로 표현할 수 있고, 이는 그들이 느끼는 감정의 무게를 덜어주는 역할을 합니다. 이러한 과정은 감정의 정화와 치유를 촉진하며, 개인이 자신의 감정을 수용하고 이해하는 데 기여합니다.

예술 활동은 창의성을 자극하고 발휘할 수 있는 기회를 제공합니다. 창의적인 과정은 개인이 새로운 아이디어를 탐구하고, 문제를 해결하는 데 도움을 줍니다. 색상과 형태를 조합하여 새로운 작품을 만드는 과정에서 개인은 자신의 상상력을 발휘하게 되며, 이는 심리적 해방감을 느끼게 합니다. 창의적인 활동은 뇌의 여러 영역을 활성화시키고, 긍정적인 감정을 유도하는 데 기여합니다.

예를 들어, 색칠하기, 콜라주 만들기, 또는 조각 작업은 모두 개인이 자신의 창의성을 표현할 수 있는 방법입니다. 이러한 창의적인 경험은 개인의 자존감을 높이고, 긍정적인 정서를 강화하는 데 중요한 역할을 합니다. 창의성은 또한 문제 해결 능력을 향상시키고, 새로운 관점을 제시하는 데 도움을 줍니다. 예술 활동을 통해 개인은 자신이 생각하지 못했던 새로운 가능성을 발견하게 되고, 이는 삶의 다양한 측면에서 긍정적인 변화를 가져올 수 있습니다. 결과적으로, 창의성의 발현은 컬러테라피의 효과를 극대화하는 요소로 작용하며, 개인이 자신의 감정을 이해하고 조절하는 데 도움을 줍니다.

컬러는 사람의 감정과 심리에 깊은 영향을 미치는 요소입니다. 각 컬러는 특정한 감정이나 기분을 유발할 수 있으며, 이는 컬러테라피의 핵심 원리 중 하나입니다. 예를 들어, 따뜻한 색상인 빨간색은 에너지와 열정을 상징하며, 차가운 색상인 파란색은 안정감과 평온함을 제공합니다. 예술 활동을 통해 개인은 이러한 색상의 특성을 이해하고, 자신의 감정 상태에 맞는 색상을 선택하여 표현할 수 있습니다.

이 과정에서 개인은 색상이 자신의 감정에 미치는 영향을 직접 경험하게 되며, 이를 통해 감정 조절의 방법을 배우게 됩니다. 예를 들어, 우울한 기분을 느끼는 사람은 밝고 화사한 색상을 사용하여 긍정적인 감정을 유도할 수 있습니다. 또한, 특정 색상이 주는 감정적 반응을 통해 개인은 자신의 감정 상태를 인식하고, 이를 조절하는 방법을 익힐 수 있습니다. 이러한 색상의 심리적 영향은 컬러테라피의 효과를 더욱 강화하며, 개인이 자신의 감정을 이해하고 조절하는 데 도움을 줍니다.

    결론적으로, 다양한 예술 활동은 감정 표현, 창의성의 발현, 색상의 심리적 영향을 통해 컬러테라피의 효과를 극대화하는 데 기여합니다. 이러한 요소들은 개인이 자신의 내면을 탐구하고, 심리적 안정을 찾는 데 중요한 역할을 하며, 궁극적으로는 더 나은 정신적 건강과 웰빙을 추구하는 데 도움을 줍니다. 예술과 컬러의 조화로운 결합은 개인의 삶에 긍정적인 변화를 가져오고, 감정적 치유의 길로 안내하는 중요한 도구가 될 수 있습니다.

Chapter 09

레드 심리스토리

오렌지 심리스토리

옐로우 심리스토리

그린 심리스토리

블루 심리스토리

로얄블루 심리스토리

바이올렛 심리스토리

마젠타 심리스토리

핑크 심리스토리

컬러심리스토리

로얄블루 컬러는 깊은 생각과 삶의 경험을 통해서 얻게 된 통찰력과 판단력을 토대로, 본인의 의사결정을 확고히 하는 데에 도움을 주는 컬러로, 진중하면서도 지혜로운 판단을 내리는데 도움을 줄 수 있습니다.

🌶 레드 심리스토리

35세 IT 업종에서 근무 중인 여성의 이야기입니다. 그녀는 사내 커플로 만나 3년 전 결혼한 남편과 함께 행복한 가정을 꾸리고 있었지만, 최근 들어 무기력과 우울감에 시달리고 있었습니다. 그녀는 완벽주의 성향으로 인해 초고속 승진을 이뤄냈고, 업무와 살림을 모두 완벽하게 해내고자 노력해 왔습니다.

그녀의 회사는 업무 특성상 하나의 프로젝트 마감 기한이 다가오면 야근을 하는 일이 종종 있었습니다. 남편도 같은 업종이라 이러한 부분은 잘 이해해 주었고, 집안일도 가끔씩 도와주려고 노력을 하고 있습니다. 하지만, 그녀는 평상시 바로바로 정리하지 않고 미루어 놓았다가 한꺼번에 하는 남편의 정리 방식에 불만이 조금씩 쌓여가고 있었습니다. 컨디션이 좋을 때는 그녀가 부지런하게 먼저 정리 정돈을 하면 아무 문제가 없었지만, 업무와 집안일을 동시에 처리하는 것이 힘에 부치기 시작했습니다.

6개월 전부터는 아침에 일어나는 것이 힘들어지기 시작했습니다. 알람이 울려도 몸이 무겁고, 일어나는 것이 마치 큰 산을 오르는 것처럼 느껴졌습니다. 지난 3년 동안 남편과 크게 다투지 않고 잘 지내왔는데, 얼마 전에 언성을 높이면서 다투는 일이 발생했습니다.

쓰레기를 분리해서 버려야 하는 날 야근이 있었고, 밤 10시가 다 되어 퇴근해 보니 남편이 먹고 치우지 않은 라면의 흔적과 버려야 할 쓰레기가 쌓여있는 것에 화가 나서 언성을 높이게 되었습니다. 남편은 처음 보는 아내의 모습에 적잖이 당황해했습니다.

이러한 일이 있고 며칠 후, 남편이 부인에게 컬러테라피 체험을 해보자고 권유해서 방문해 주셨습니다.

이날 여성분이 끌리는 컬러로 고른 컬러는 레드 컬러였습니다.

프로젝트 마감 때에 맞추어 프로그램을 정확하게 만들어내야 하는 업무만으로도 피로감이 누적되어 있는 상태에서, 집안일까지 완벽하게 정리가 되어있어야 할 일이 끝났다고 느끼는 이 여성분에게 번아웃이 찾아왔고, 조금 쉬어가라고 레드 컬러가 말해주고 있었습니다. 에너지가 고갈되면 본능적으로 그 에너지를 채우기 위해서 레드 컬러가 끌리게 되며, 어느 정도 충전이 되면 또 그 힘으로 일상을 유지하게 됩니다. 또한 레드 컬러 에너지의 심리적 의미는 작은 것부터 감정을 표현할 수 있도록 도와주는 컬러이기도 합니다. 남편이 살림을 도와주긴 하지만 본인의 방식과 달라서 불편했던 감정을 직접적으로 표현하기도 하고, 또한 쓰레기를 비우는 것은 분담을 하는 것이 좋을 것 같다는 등 소소한 것부터 표현하게 도와줍니다. 실제로 이 여성분은 남편과 구체적으로 감정에 대해서는 이야기해 본 적이 없고, 쓰레기 비우는 것을 분담하고 싶다는 마음은 있었지만 입 밖으로 꺼내본 적이 없다고 하셨습니다. 이 부분은 가정에서뿐만 아니라 직장 생활에서도 마찬가지라고 하였습니다. 레드 컬러는 원하는 것을 당당하게 표현하고, 나아가서는 싫은 것 또는 할 수 없는 일도 명확하게 거절할 수 있게 도와준다는 설명을 듣고, 연초에 다이어리를 항상 구매하는데, 올해는 빨간색 다이어리를 구매해야겠다고 하시며, 남편에게 먼저 조금씩 원하는 것을 표현해 보겠다고 하셨습니다. 남편은 기꺼이 받아줄 준비가 되어있다고 하시면서 컬러테라피 체험을 마쳤습니다.

오렌지 심리스토리

오렌지 심리스토리는 두 모녀의 이야기입니다.

모녀가 함께 컬러테라피 체험에 참여하는 경우는 가끔 있지만, 그 빈도가 낮기 때문에 두 분이 손을 꼭 잡고 들어오는 모습은 인상적이었습니다.

먼저, 두 분에게 끌리는 컬러를 선택해 보라고 요청했더니, 놀랍게도 두 분 모두 오렌지 컬러를 선택하셨습니다. 같은 컬러를 선택한 데에는 특별한 사연이 있을 것 같아 여러 가지 질문을 드려보았습니다. 가족 관계에 대해 물어보니, 이제 두 분만 남았다는 말씀을 하셔서 그

사이에 어떤 힘든 사연이 있음을 직감하게 되었습니다.

따님이 이야기를 이어갔습니다. 어머님과 아버님은 평소 사이가 좋기로 소문난 잉꼬부부였고, 따님은 직장과 가까운 곳에 따로 거주하고 있어서 평일에는 부모님을 뵙지는 못하지만, 주말에는 세 가족이 자주 모여서 맛집을 찾아다니며 외식을 하는 즐거운 가족이었다고 합니다. 그러나 한 달 전쯤, 아버님이 교통사고로 돌아가시는 불행한 사건이 발생하였고, 그 이후 따님은 혼자 계신 어머님이 걱정되어 함께 생활하고 있는데, 어머님은 매일 눈물만 흘리시다가 며칠 전부터는 아무 표정 없이 먼 산을 바라보는 시간이 많아지셨습니다. 걱정이 된 따님은, 어머님께 도움이 될 만한 프로그램을 찾다가 컬러테라피 체험을 받으러 나오게 되었다고 하였습니다.

아버님의 사고 이야기를 딸의 목소리로 다시 듣게 되니, 어머니는 참았던 눈물을 흘리기 시작하셨습니다. 오렌지 컬러는 긍정적으로 활력이 넘치고, 유쾌하고 즐거울 때 끌리기도 하지만, 두 모녀의 사연과 같이 트라우마나 쇼크 상태에서 본능적으로 끌리게 되는데, 이는 오렌지 컬러가 감당하기 힘든 사건을 경험한 후, 이러한 정신적 충격에서 벗어나는 데에 도움을 주는 컬러임을 의미하기도 합니다. 두 모녀가 함께 오렌지 컬러를 선택한 것은, 아주 작은 불씨이지만 그럼에도 불구하고 살아내야 하는 마음을 반영한 것이라고 설명을 드렸습니다. 이

기간을 견뎌내는 과정에서 오렌지 컬러가 주는 따뜻함과 긍정적인 에너지가 두 분을 위로해 주는 것이라고도 했습니다.

아버지에 대한 애도 기간이기에, 아버지와 관련된 추억들을 이야기할 수 있도록 질문을 하다 보니, 두 모녀는 아버지의 모습이 오렌지 컬러와 비슷하다고 말씀하셨습니다. 아버지는 항상 유쾌하시고 농담도 잘하시며, 분위기를 즐겁게 만드는 재주가 있으셨다고 하였습니다. 그래서 그리움이 더욱 크게 느껴진다고 하였습니다.

오렌지 컬러가 주는 따뜻함과 치유의 힘이 두 분의 마음에 작은 위로가 되기를 바라며, 아버님이 살아계실 때와 같을 수는 없겠지만, 그럼에도 불구하고 일상으로 조금씩 돌아가실 수 있기를 진심으로 기원합니다. 이 경험이 두 분에게 새로운 시작의 계기가 되기를 바라며, 서로가 서로의 곁에서 오렌지 컬러와 같은 치유자가 되시길 바랍니다.

옐로우 심리스토리

39세의 사무직 여성분은 어린 시절부터 어머니의 의부증과 아버지의 폭력이 한 세트처럼 이어지는 반복적인 공포와 불안 속에서 살아왔습니다. 아버지는 매일 같이 술에 취해 집안의 평화를 깨뜨렸고, 그로 인해 어머니와 그녀는 항상 긴장 상태에 놓여 있었습니다. 어머니는 아버지의 폭력에 시달리며 점점 딸에게 의존하게 되었고, 그녀는 어린 나이에 이러한 모든 감정적 짐을 떠안아야 했습니다.

결국 아버지는 그녀가 23세 되던 해에 간암으로 세상을 떠나셨고, 그 이후 어머니를 부양해야 한다는 책임감으로 15년 동안 결근 한 번 하지 않고 직장 생활을 유지해 왔습니다.

4년 전쯤 갑자기 어머니가 뇌출혈로 쓰러지셨다는 소식을 듣고, 회사에서 조퇴를 하고 병원에 가보니, 고비는 넘겼지만 편마비 등의 후유증이 남을 거라고 했고, 그 이후 어머니는 1년 넘게 재활 병원에서 재활 치료를 받게 되었습니다. 그녀도 1년 넘게 어머니의 간병과 회사 생활을 병행해야 했고, 고된 하루하루를 책임감으로 버티면서 회사와 병원을 오가게 되었습니다.

그러던 중 병원에서 자주 보던 보호자 분과 간병의 어려움을 이야기 하면서 친해지게 되었고, 점차 연인으로 발전하게 되었습니다. 현재는 두 분이 동거를 하고 있다며 본인의 삶에서 가장 행복한 나날을 보내고 계신다는 말씀을 해주셨습니다.

이 여성분이 컬러테라피 체험 시 끌리는 컬러로 고른 컬러는 옐로우 컬러였습니다.

이 여성분은 남자 친구를 사귀기 시작하면서부터 옐로우 컬러가 끌리기 시작했다고 말씀해 주셨고, 남자 친구와 있으면 본인이 빛이 나는 것 같은 느낌을 받으신다고 하셨습니다.

옐로우 컬러의 심리적 의미는 여러 가지로 해석이 되지만, 성인 이후에 옐로우 컬러가 끌린다면, 독립적으로 살아가고자 하는 의지가 반영된 것이라고 볼 수 있습니다. 타인을 위해 살아가던 패턴에서 벗어나서 내가 내 삶의 주인공이 되고자 할 때에 옐로우 컬러가 끌릴 수 있습니다. 실제로 어머니의 거동이 어느 정도 가능해지셔서 퇴원을 하자마자 남자친구와 동거를 하겠다고 선언을 하였고, 어머니의 반대에도 불구하고 독립을 강행했다고 합니다. 그리고 지금은 어린 시절 꿈이었던 성우에 도전해 보려고 주말에 성우 학원에도 다니고 있다고 하였습니다. 이 여성분의 휴대폰 케이스는 공교롭게도 옐로우 컬러였고, 남자 친구를 만난 이후에 끌려서 구매한 거라고 하였습니다. 옐로우 컬러가 독립적인 생활을 할 수 있도록 도와주었고, 본인이 진정으로 원하는 것을 찾게 해준 강력한 치유의 컬러였다는 것을 깨닫게 해주었습니다. 앞으로도 이 여성분의 앞날이 옐로우 컬러처럼 밝고 긍정적인 날들만 펼쳐지시길 응원하겠습니다.

그린 심리스토리

32세의 여성 그래픽 디자이너의 이야기입니다.

그녀는 그래픽 디자인 업계에서 능력을 인정받고 있는 유능한 인재로, 이전 회사에서 스카웃 제의를 받고 현재 회사에 팀장으로 입사한 지 5개월이 되었습니다.

스카웃된 팀장이라는 타이틀을 얻은 만큼, 그녀는 초반 3개월 동안 수면시간을 줄여가며 최선을 다해 일에 매진했습니다. 그녀는 지나친 완벽주의로 조금의 실수도 용납하지 않고 스스로 만족할 때까지 일을 손에서 놓지 못하는 성격이라고 하였습니다. 그러나 이러한 완벽주의는 때때로 그녀의 업무에 대한 스트레스를 가중시키고, 팀원들과의 관계에도 부정적인 영향을 미친다는 것을 스스로 느끼고 있었습니다.

그녀는 현재 두 명의 팀원과 함께 일하고 있습니다. 한 팀원은 뛰어난 실력을 가진 A팀원이며, 다른 팀원은 경력이 적은 B팀원입니다. 그녀는 A팀원의 능력을 높이 평가하고 그에게 특별한 애정을 느끼고 있지만, 상대적으로 B팀원의 능력과 결과물이 아쉬워서 본인도 모르게 잔소리를 하게 되는 경우가 많았습니다. 이러한 행동은 B팀원에게 마음의 상처를 주게 되었고, 어느 날엔 회의 도중 B팀원이 눈물을 흘리기도 했습니다. 그 당시 그녀는 자신이 과하다는 생각이 들지 않았고, 오히려 업무 시간에 눈물을 보이고 회의실에서 나가는 B팀원의 태도에 화가 났다고 말했습니다. 이후에도 종종 A팀원과 B팀원을 비교하는 발언으로 B팀원의 표정이 일그러지는 경우가 있었습니다.

컬러테라피 체험에서 그녀가 끌리는 컬러로 고른 컬러는 그린 컬러였습니다. 그린 컬러는 여러 가지 심리적인 키워드를 가지고 있지만, 특히 인간관계에서 균형이 맞지 않을 때 밸런스를 맞추라는 신호를 보내는 컬러로 해석될 수 있습니다. 그녀는 평소 그린 컬러를 그다지 선호하지 않았고, 옷이나 소품으로도 가지고 있지 않았지만, 이번 체험을 통해 그린 컬러의 의미에 대해 여러 가지 생각을 하게 되었습니다. 직장이라는 곳이 일을 하는 장소이긴 하지만, 팀원들 없이 혼자 할 수 없는 일이기에, 혹시라도 본인으로 인한 상처 때문에 B팀원이 퇴사라도 할까 봐 걱정이 되기도 했습니다.

그린 컬러는 인간관계에서 배려심을 키워주고, 역지사지의 개념으로 상대방의 입장에서 한 번 더 생각해 보게 만드는 색상입니다. 이러한 설명을 듣고 그녀는 팀 내 회의실에 초록색 공기 정화 식물을 사서 비치해 두어야겠다고 이야기했습니다. 이는 그녀가 팀원들과의 관계 개선을 위해서 노력하고 싶다는 의지의 표현으로, 앞으로의 관계 개선에 긍정적인 영향을 줄 것이라고 기대합니다.

성취 지향적인 성향과 관계 지향적인 성향의 관계에서 충돌이 일어나는 경우를 여실히 보여준 사례로, 그린 컬러는 모든 사람은 평등하다는 기본 전제하에 같은 눈높이로 타인을 바라볼 수 있도록 만들어 주는 컬러라고 할 수 있습니다.

🎨 블루 심리스토리

32세 콜센터 상담사로 일하고 계신 여성분의 이야기입니다.

그녀는 콜센터 업무 3년 차로, 본래 성향이 친절하고 부드러워 3년 동안 친절과 정확성을 요구하는 이 직업에 나름대로 잘 적응해 왔습니다. 그러나 고객 상담이라는 직업은 때때로 예상치 못한 스트레스를 안겨주기도 합니다. 특히, 고객의 불만을 직접 듣고 응대해야 하는 상황에서는 더욱 그렇습니다.

얼마 전, 그녀는 한 고객과의 통화에서 극도의 스트레스를 경험하게 되었습니다. 그 고객은 배송 기사의 불친절함에 대해 불만을 토로하며, 30분 동안 끊임없이 따지며 이야기를 이어갔습니다. 고객 불만 건은 본래 담당 부서가 따로 있지만, 그 고객은 통화된 김에 이야기하겠다며 다른 부서로 연결해 드리는 것을 원치 않았고, 고객의 막무가내 같은 태도는 그녀의 마음에 깊은 상처를 남겼습니다.

얼마 전에 이런 일을 겪은 그녀가 컬러테라피 체험 시 끌리는 컬러로 선택한 컬러는 블루 컬러였습니다. 블루 컬러는 다양한 심리적 의미를 지니고 있지만, 특히 소통이 원활하지 않거나 하고 싶은 말을 시원하게 하지 못하는 스트레스 상황을 고스란히 보여주는 컬러이기도 합니다. 그녀는 블루 컬러를 보니 그 당시가 다시 떠오른다고 하였습니다. 30분 동안 민원 응대를 하고 난 후, 회사 옥상에 올라가 하늘을 보며 한바탕 울면서 소리를 지르고 내려왔다는 이야기를 하셨고, 이 이야기를 할 당시에도 억울하고 답답한 마음이 눈물로 이어졌습니다.

그녀는 그날의 통화 이후로 한동안 업무상 통화를 계속해야 하는 것에 대해 극도의 스트레스를 느끼게 되었습니다. 머리가 멍해지는 듯한 기분이 들고, 그 고객의 목소리가 귀에서 떠나지 않았습니다.

블루 컬러를 선택하고 보니, 그녀는 다음 주에 이틀 연차를 내고 바다를 보러 가고 싶다고 느꼈던 것이 이유가 있었다는 것을 알게 되었습니다. 우리가 하늘과 바다를 보면 막혔던 가슴이 시원하게 뚫리는 것 같은 느낌을 받는 것도 이러한 이유이기도 합니다. 하늘과 바다의 푸른색은 그녀에게 위로가 되는 컬러이기도 하고, 억울하고 답답한 마음을 씻어내는 컬러이기도 합니다. 또한 블루 컬러는 누군가의 말에 휘둘리지 않고, 스스로를 믿을 수 있도록 자신에 대한 신뢰감을 주기도 합니다. 업무적으로 하고 싶은 말을 제대로 하지 못했던 상황의 답답함으로 받았던 극도의 스트레스 상황을 블루 컬러가 대신해서 말해주었고, 이는 블루 컬러가 이러한 스트레스 상황을 치유하고 이겨내게 만드는 컬러라는 의미라는 것도 이해하게 되면서, 컬러테라피 체험 후 마음이 조금은 가벼워졌다고 말씀해 주셨습니다.

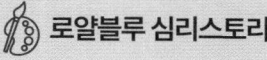 **로얄블루 심리스토리**

　이번 스토리의 주인공은 50대 중반의 남성분으로, 한 중소기업의 부장으로서 제품 생산과 유통을 담당하고 있습니다. 오랜 경력을 쌓아온 이 남성분은 회사의 성장과 발전을 위해 항상 최선을 다해왔습니다. 그러나 최근 그는 새로운 생산 팀장을 채용하기 위한 면접을 진행하면서 예상치 못한 고민에 빠지게 되었습니다.

　서류전형에서 어느 정도 마음에 드는 사람을 정해 놓고 팀장 면접을 보게 되었는데, 면접을 통해 만난 이 지원자는 서류상 학력, 경력, 그리고 실무능력까지 모든 기준을 충족하는 인물이었지만, 면접에서 느껴지는 눈빛과 태도에서 뭔가 불편한 느낌이 들었습니다. 지원자는 자신이 가진 능력과 경험을 자신감 있게 이야기했고, 특별히 실언을 하거나 불량스러운 태도를 보이지 않았기에, 구체적으로 어떤 부분이 마음에 안 든다고 말하기 어려운 상황이었습니다.

　팀장 면접을 진행한 날은 금요일이었고, 주말 동안 결정을 해서 월요일에 이사님께 보고를 해야 하는 상황이었습니다. 머리도 식힐 겸 휴일에 컬러테라피 체험을 하러 오셨고, 이 남성분이 컬러테라피 체험에서 끌리는 컬러로 고른 컬러는 로얄블루 컬러였습니다.

　로얄블루 컬러의 심리적 의미를 설명드렸을 때, 이 남성분은 조금

놀라시는 듯했습니다. 로얄블루 컬러의 심리적 키워드는 여러 가지가 있지만, 특히 깊은 생각에 빠져있을 때 끌리기도 합니다. 그렇게 생각이 너무 깊어지게 되면 잠을 못 이루는 경우도 종종 생길 수 있습니다. 실제로 이 남성분은 그 전날 팀장 면접을 끝내고 면접 응시자 생각을 하느라 잠을 설치셨다고 하였습니다.

이 남성분은 평상시에도 로얄블루 수트를 자주 입으신다고 하셨고, 로얄블루의 컬러 에너지처럼 느낌이 잘 맞는 편이라고도 하였습니다. 하지만 상사에게 보고를 할 때에는 명확한 이유와 근거 없이 서류상 가장 뛰어난 인재를 배제하고 다른 사람을 채용하겠다는 명분이 없었기 때문에 그 생각으로 밤을 지새우셨다고 하셨습니다.

고심 끝에 내린 결론은, 그 면접자가 다녔던 전 직장의 인사팀에 연락을 해보고, 그 내용을 토대로 판단하여 상사에게 보고를 올리는 것으로 결정하셨다고 합니다. 로얄블루 컬러는 깊은 생각과 삶의 경험을 통해 얻게 된 통찰력과 판단력을 바탕으로 본인의 의사결정을 확고히 하는 데 도움을 주는 컬러입니다. 이 남성분이 평소에 자주 입었던 로얄블루 컬러 에너지를 통해 진중하면서도 확신에 찬 결정을 내리며 살아오셨고, 이번 팀장 채용 건에서도 지혜로운 판단을 내리실 거라 믿어 의심치 않습니다.

이 남성분은 월요일 출근할 때도 로얄블루 수트를 입고 출근을 해야

겠다고 말씀하셨습니다.

🎨 바이올렛 심리스토리

　26세의 사회복지사 여성분의 이야기를 소개합니다. 어릴 적, 아버지께서 사고로 한쪽 다리가 불편해지시면서 이 여성분은 장애인에 대한 관심을 가지게 되었습니다. 아버지의 모습을 보며 장애인들이 겪는 어려움과 그들이 필요로 하는 지원에 대해 자연스럽게 생각하게 되었습니다. 그래서 그녀는 장애인을 대상으로 활동할 수 있는 사회복지기관에서 일하고 싶다고 생각을 하며 사회복지를 전공하여 현재는 장애인을 위한 다양한 프로그램을 기획하며 함께 활동하고 있습니다.

　사회복지사로서 첫발을 내디뎠을 때, 그녀는 사람들에게 실질적인 도움을 줄 수 있다는 기대감과 의욕이 충만했었습니다. 그러나 시간이 지나면서 이 직업이 단순히 육체적으로 도움을 주는 것 이상의 정신적인 피로감이 크다는 것을 깨닫게 되었습니다. 몸이 불편한 장애인들을 케어하는 일도 물론 힘든 일이지만, 간혹 마음까지 상처를 가진 이들을 돌보는 것은 여간 어려운 일이 아니었습니다. 장애인들은 신체적인 어려움 외에도 심리적, 정서적 어려움을 겪고 있는 경우가 많았고, 그들의 마음속에는 사회적 편견, 자존감의 저하, 그리고 외로움이 자리 잡고 있었습니다. 26세의 나이에 이들의 심리적인 어려움을 공감하고 위로해 주는 것이 너무 버겁다는 생각을 하게 되었습니다.

우연히 집과 가까운 곳에서 컬러테라피 체험을 해볼 수 있다는 광고를 보고 방문한 그녀는, 끌리는 컬러로 바이올렛을 선택하였습니다. 바이올렛 컬러는 여러 가지 심리적 키워드로 해석이 될 수 있지만, 현실과 이상 사이에서 심리적 갈등을 겪고 있을 때 끌리기도 합니다. 그녀는 모든 장애인이 본인의 아버지처럼 몸이 불편하더라도 마음은 건강할 것이라고 생각했으며, 아버지의 장애 정도가 경미한 편에 속한다는 것도 현업에서 많이 느끼게 되었습니다. 물론 사회복지사 자격증 취득을 위한 실습 현장에서 장애인들을 접해본 경험은 있었지만, 짧은 시간 동안 간접적으로 체험했던 것과 현장에서 직접 책임감을 가지고 케어하는 것은 전혀 다른 느낌이었습니다. 현장에서 십여 년을 사회복지사로 활동하고 계신 분들이 무척이나 존경스럽게 느껴졌습니다.

바이올렛 컬러는 마음속에서 변화를 꿈꾸고 있을 때도 끌리기 때문에, 혹시 다른 방향으로 나아가길 원하시는지 질문을 드렸습니다. 그녀는 그동안 공부하고 노력한 시간이 아깝긴 하지만, 자신의 능력 밖의 직업이라는 생각이 들어서 요즘은 다른 직업을 탐색하고 있다고 답변하였습니다. 바이올렛 컬러는 인생의 변화를 앞두고 두려워하는 마음을 안정시키고, 한 단계 성장시키는 컬러라고 설명드리자, 그녀는 신기하게도 얼마 전에 연보라색의 휴대폰 키링을 구매하였다며 보여주었습니다.

비록 조금 돌아가는 길이더라도, 본인의 길을 찾아서 나아가는 길에 바이올렛 컬러가 등대가 되어 줄 것이며, 이상과 현실의 균형을 맞추는 데에도 도움을 줄 것이라고 생각됩니다. 그녀의 직업적 갈등 상황을 바이올렛 컬러와 함께 슬기롭게 헤쳐 나갈 수 있기를 바랍니다.

마젠타 심리스토리

현재 29세의 여성분은 보안 컨설팅이라는 전문 분야에서 일하고 있습니다. 이 직업은 기술의 발전과 함께 지속적인 학습과 자기 계발이 필수적입니다. 그러나 최근 들어 그녀는 업무에 집중하기 어려운 상황에 처해 있습니다. 대학원 졸업 후 입사한 지 1년이 채 되지 않았지만, 그녀는 이미 치열한 경쟁 속에서 자신의 위치를 확립해야 하는 압박을 느끼고 있습니다. 회사 내에는 능숙한 동료들이 많아, 그녀는 자신이 뒤처지고 있다는 불안감에 시달리고 있습니다. 이러한 불안감은 그녀의 업무 수행에 부정적인 영향을 미치고 있으며, 매일 매일이 힘겨운 싸움처럼 느껴질 것입니다.

특히 그녀의 직속상관은 업무 외적인 부분, 예를 들어 옷차림, 신발,

안경 등에 대해 지적을 한다고 합니다. 이러한 상사의 태도는 그녀에게 큰 스트레스를 주고 있으며, 자신이 얼마나 부족한지를 끊임없이 상기시키는 듯한 느낌을 받는다고 합니다. 상사는 자신에게만 엄격한 기준을 요구하는 것 같아 더욱 큰 부담을 느끼고 있습니다.

그녀는 직장 내의 경쟁을 비롯하여 특히 상사의 부당한 대우에 무척이나 힘겹지만, 어렵게 입사한 회사를 그만두는 것은 어리석은 짓이라고 생각하고 있었습니다. 그녀는 자신의 경력을 쌓고, 전문성을 키우기 위해 이 회사를 선택했으며, 그 선택이 결코 잘못된 것이 아니라고 믿고 있습니다. 그러나 현재의 업무 환경과 개인적인 고민이 상충하면서, 어떻게 회사 생활을 해야 할지에 대한 고민이 깊어지고 있었습니다.

이러한 고민 속에서 그녀는 컬러테라피 체험을 하러 방문하게 되었고, 끌리는 컬러로 선택한 컬러는 마젠타 컬러였습니다. 마젠타 컬러는 여러 가지 심리적 의미를 지니고 있지만, 특히 인간적으로 해결하기 힘든 상황에 처했을 때, 세상을 넓게 바라보는 삶의 혜안이 필요한 경우에 끌리기도 합니다.

그녀는 마젠타 컬러의 심리적 메시지의 설명을 듣고, 대학원까지 다니는 동안 학생 신분으로는 경험해 보지 못했던 사회의 냉정함과 혹독함에 스스로가 얼마나 나약한 존재인지 처절하게 느끼고 있다고 이야기하였습니다. 사회에서의 이 첫 번째 난관을 해결하지 못한다면 앞으로의 미래는 더욱 어두울 것 같아 반드시 극복해 내고 싶다고도 하였습니다.

마젠타 컬러는 그녀에게 치유와 회복의 상징으로 작용할 수 있습니다. 그녀는 이 컬러를 통해 자신의 내면을 돌아보고, 힘든 상황을 극복하기 위한 에너지를 얻을 수 있을 것입니다. 체험을 마치면서 집에 돌아가는 길에 마젠타 컬러의 소품을 구매해야겠다고 하셨습니다.

그녀의 여정이 힘겨울 수 있지만, 마젠타 컬러와 함께 치유와 목표 달성이 동시에 실현될 수 있기를 바랍니다. 그녀가 마젠타 컬러를 통해 자신을 되찾고, 직장 내에서의 어려움을 극복하며, 궁극적으로는 자신의 꿈과 목표를 이루어 나가는 모습을 기대합니다.

핑크 심리스토리

30대 중반의 한 여성은 국문학과를 졸업한 후, 전공을 살려 갈 수 있는 직종으로 구직활동을 여러 차례 했었지만, 취업에 매번 실패하는 어려움을 겪었습니다. 그래서 그녀는 여러 가지 아르바이트를 하며 생계를 이어갔고, 그 과정에서 바리스타 자격증을 취득하여 카페 매니저로도 일했습니다. 그러나 현재 그녀는 성형외과 상담실장으로 근무하고 있습니다.

어릴 적부터 외모가 뛰어난 언니와 비교를 당하며 자란 그녀는, 예쁜 외모에 대한 남다른 집착을 가지게 되었습니다. 컬러테라피 체험을 하러 온 그녀의 얼굴은 충분히 아름다웠지만, 그녀는 자신의 외모에 대해 만족하지 않는다고 털어놓았습니다. 거울 속의 자신을 바라보며 느끼는 불만족은 점점 커져만 갔고, 이는 그녀를 성형의 세계로 이끌었습니다. 처음에는 작은 변화로 시작했지만, 점차 성형은 그녀의 삶의 중심이 되어버렸습니다.

성형 수술을 통해 얻은 외모는 그녀에게 일시적인 만족감을 주었지만, 그 만족감은 오래가지 않았습니다. 그녀는 더 많은 수술을 원하게 되었고, 결국 성형외과 상담실장으로 취업까지 하게 되었습니다. 이제는 다른 사람들에게 성형을 권유하는 역할을 맡게 된 그녀는, 자신의 경험을 바탕으로 고객들에게 아름다움을 선사하는 일을 하게 되어 처음에는 큰 만족을 느꼈습니다.

상담실에서 고객들과의 대화는 그녀에게 일종의 성취감을 주었지만, 동시에 그녀는 그들이 자신의 외모에 대한 불만을 털어놓는 모습을 보며 복잡한 감정을 느꼈습니다. 자신이 겪었던 불안과 불만족이 다른 사람들에게도 똑같이 존재한다는 사실은 그녀에게 스트레스로 다가오기 시작했습니다. 고객들이 자신의 외모에 대한 고민을 털어놓을 때마다, 그녀는 그들의 이야기를 듣고 공감하면서도 자신이 겪었던 고통이 다시 떠오르는 것을 느꼈습니다.

그녀가 컬러테라피 체험에서 끌리는 컬러로 고른 것은 핑크 컬러였습니다. 평상시에도 핑크 컬러를 즐겨 입는다고 하였으며, 핑크 컬러가 끌리기 시작한 시점은 성형을 하기 시작한 20대 중반부터라고 답하였습니다. 핑크 컬러의 끌림은 여러 가지로 해석될 수 있지만, 누군가에게 사랑을 주듯이, 스스로에게 사랑이 필요할 때도 끌리게 됩니다. 핑크의 사랑은 조건 없는 사랑으로, 뭘 잘하지 않아도, 외모가 출중하지 않아도, 비록 현재의 모습이 불만족스럽더라도 있는 그대로 스스로를 사랑하라는 컬러의 신호입니다.

그녀는 이러한 컬러심리 키워드를 듣고 솔직히 외롭고 공허하다고 털어놓았습니다. 예뻐지면 공허함이 줄어들 줄 알았는데, 오히려 더 텅 빈 것 같은 느낌이 든다고 표현하였습니다.

그러나 그녀는 이미 핑크 컬러로 스스로를 치유하고 있었고, 스스로를 있는 그대로 사랑하게 될 것이라고 믿습니다. 핑크 컬러가 그녀에게 주는 메시지는, 외모의 변화가 아닌 내면의 사랑과 수용이 진정한 아름다움이라는 것을 일깨워 주었습니다. 그녀가 앞으로의 삶에서 진정한 행복과 만족을 찾기를 바라며, 그녀의 여정이 핑크 컬러와 함께 긍정적인 방향으로 나아가기를 응원합니다.

컬러심리스토리는 실제 컬러테라피 체험 사례를 바탕으로 작성된 내용입니다. 컬러테라피 체험 시 본인의 사연이 익명으로 공개됨에 동의해 주신 분들의 사례이고, 사례자분들께 다시 한번 감사의 말씀을 드립니다. 더불어 컬러테라피 체험 사례를 취합하고, 컬러심리분석을 함께 진행해 주신 김정미, 손병민, 한영주 강사님께 감사 인사드립니다.

참고문헌

[논문]

2006 컬러테라피의 활용방안과 과제 / 류화정

2018 컬러테라피 집단프로그램이 청소년의 정서조절능력에 미치는 효과 / 김수현

2018 컬러테라피 교과에 대한 인식도 조사 / 황보경

2012 컬러테라피를 적용한 스트레스 완화연구 / 이채영

2018 학교교육시설 내 컬러테라피 적용에 따른 청소년의 스트레스 호르몬 감소 효과에 관한 연구 / 김선현

2022 아동의 색채치유 활동 효과에 관한 연구 / 권나현

2020 색채를 활용한 진로선택척도지 개발가능성에 관한 연구 / 김순옥

[저서]

베티 에드워즈의 색채이론 / 베티에드워즈

색채의 영향 / 파버비렌

이해하기 쉬운 색채심리1,2 , 색과 성격의 심리학 / 포포 포로덕션

컬러가 내 몸을 바꾼다. 색채심리학 / 김선현

컬러의 일 / 로라 페리먼

컬러파워토크 / 박효철

색의 신비 / Ingrid Riedel

색채의 연상 / 조영수

색즉소울 / 주리애

색채심리 / 오승진

색채와 심리 / 김정미, 최외선

color는 doctor / 스에나가 타미오

내 삶에 색을 입히자 / 하워드선, 도로시 선

색의 역사 / 알렉산드라 로스케